eビジネス新書

No.377

週刊東洋経済

改正対応待ったなし！

働き方と経営の法

週刊東洋経済 eビジネス新書 No.377

働き方と経営の法律

本書は、東洋経済新報社刊『週刊東洋経済』2021年3月6日号より抜粋、加筆修正のうえ制作しています。情報は底本編集当時のものです。（標準読了時間 90分）

働き方と経営の法律　目次

改正対応 待ったなし!

働き方と企業経営のルールが変わる

新型コロナウイルスが社会や経済を襲い始めてから、1年以上の時が刻まれてしまったが、この時期、企業にとっては確実に手を打っておくべきことがあった。ビジネスの新ルールへの対応策だ。

大企業で先行して導入された「同一労働同一賃金」のルールが2021年4月から中小企業にも導入された。大企業は外部弁護士との連携体制を整えているが、中小企業はそうはいかない。もしトラブルが発生したときは自社で対応する部分が多くなる。それを考慮して入念な準備が必要だ。

70歳までの就業機会を確保することが企業の努力義務となる。その「改正高年齢者雇用安定法」もスタート。将来の義務化が既定路線であり、早めに対応したい。

2022年も法改正目白押し

上場企業にとって大きいのは、3月の改正会社法の施行である。株主総会の運営や取締役の規律を見直すことで、企業統治を強めるのが目的だ。21年の株主総会から開示項目が増えることになるが、コロナ禍の影響で、対応が遅れている企業も多いはずだ。

2022年もビジネスの新ルールは目白押しである。現時点で、もう1年後の対応策に着手していなければならないのだ。

大企業で義務化されたパワーハラスメント対策は22年には中小企業も対象となる。同一労働同一賃金と同じように中小企業は十分な準備が必要になる。成年年齢は18歳に引き下げられる。とくにB2C事業を行う企業はトラブルを避けるため、18歳などの若年成人顧客向けのルールをきっちりと策定することが求められる。

どの企業にとっても手間も時間もかかりそうなのが、22年春ごろまでに施行される予定の改正個人情報保護法への対応だ。情報保護の規制を一段と強める内容であり、企業にとっては、大きなリスクを抱え込むことになる。

法改正ラッシュの背景にあるのは、社会・経済の激しい変化だ。働き方改革や経済のデジタル化の進展によって、新しいルールの必要性が高まっているのである。

新ルールを知るべきなのは、実務担当者だけではない。仕事で失敗しないために一般のビジネスパーソンも最低限の情報は頭に入れておくべきだろう。２０２０年4月に施行された改正民法も含め、新ルールのエッセンスを法律家にわかりやすく解説してもらう。

【働き方】中小企業でも開始！〔21年施行〕

同一労働同一賃金の焦点

中山・男澤法律事務所　弁護士・高仲幸雄

【ポイント】
①正社員との不合理な待遇差を是正する
②待遇差の理由説明の事前準備が重要

2020年4月に施行された改正パート・有期法（短時間労働者及び有期雇用労働者の雇用管理の改善等に関する法律）は、自社が雇用するパート労働者および有期雇用労働者と正社員との間の不合理な待遇差を禁止しており、大企業に続き、中小企業でも21年4月から改正法が適用される。

労働者派遣法も改正され（20年4月施行）、派遣社員の待遇決定方式について新たなルールが設けられた。法改正は正社員との不合理な待遇差の是正を目的としており、「同一労働同一賃金」と呼ばれる規制だ。改正パート・有期法について、20年10月の最高裁判所判決も踏まえて解説する。

この法律はパート労働者に適用されるパート労働法を改正し、有期雇用労働者も適用対象としたうえで、正社員との待遇差に関する規制を強化したものだ。改正の主な内容は、①正社員と非正社員（パート労働者および有期雇用労働者）との間の不合理な待遇差を禁止し、裁判の判断基準となる「均衡待遇」「均等待遇」の規定を整備、②非正社員の待遇に関する説明義務を強化し、正社員との待遇差の内容や理由等についての企業の説明義務を創設、③行政による企業への助言・指導等や行政ＡＤＲ（裁判外紛争解決手続き）の規定を整備、などである。

同一労働同一賃金という言葉は、企業の賃金制度を正社員と非正社員で同内容にしなければならない規制のように見えるが、それは誤りである。改正パート・有期法が規制するのは「賃金」だけではなく、休暇や福利厚生等の待遇全般であるし、同法で禁止するのは「正社員との間の不合理な待遇差」であって、企業の賃金制度自体の変更や正社員と同額の賃金を非正社員に支給することを義務づける法律でもない。

政府は、法改正に先行する2016年に「同一労働同一賃金ガイドライン案」を公表し、法改正後は法的根拠を有する指針（短時間・有期雇用労働者及び派遣労働者に対する不合理な待遇の禁止等に関する指針）となった。これが「同一労働同一賃金ガイドライン」だ。「基本的な考え方」で総論的な事項が述べられ、典型的な事例については「問題となる例」「問題とならない例」という形式で具体例が示されている。ただあくまで行政の指針であり、裁判所の司法判断を直接拘束するものではない。

改正パート・有期法の前にも、均衡待遇や均等待遇に関する法規制はあり（労働契約法20条、パート労働法8条、9条）、20年10月に出た5件の最高裁判決も有期雇用労働者の均衡待遇規制（労働契約法20条）に関する法違反が争点となったものである。

改正パート・有期法とは

改正パート・有期法は従前の法規制を承継しながら、これらを整備・強化したものだ。改正前の判例・裁判例を踏まえてポイントを説明したい。

第1に、パート・有期法で問題となる待遇差は待遇全体ではなく個別待遇ごとであるという点だ。賃金は総額（年収）ベースではなく、手当ごとの待遇差が問題とされ、特別休暇や福利厚生などの待遇も問題となる。

第2に、待遇差に関する規制には、均衡待遇規制と均等待遇規制の2つがあり、規制内容が異なるという点だ。均衡待遇規制は「職務の内容（業務の内容・責任の程度）」「人材活用の仕組み（職務内容・配置の変更範囲）」「その他の事情」という3要素を考慮し、各待遇の性質・目的に照らして、待遇差が不合理であってはならないとする規制である。

他方、均等待遇規制は、「職務の内容」と「人材活用の仕組み」が正社員と非正社員でまったく同じであれば、待遇差は原則違法になるという強力な規制だ。ただ正社員と非正社員で「職務の内容」と「人材活用の仕組み」が同一のケースはまれであり、裁判で問題となっているのはほとんどが「均衡待遇規制」についてだ。

第3は、改正パート・有期法では待遇差の説明義務が新設（14条2項）され、企業には非常に重要かつ大きな負担となるという点だ。今後、待遇差に不満を持つ非正社員は、企業に待遇差の説明を求め、その説明を受けてから裁判等の紛争を起こすことが想定される。

企業は待遇差の説明を求められた場合、その後の裁判を想定し、待遇差の理由を正確に説明する必要があり、そのための事前準備が重要になっているのである。

改正パート・有期法への対応については、判例やガイドラインを読む前に、「現状確認」が必要である。「非正社員にも賞与は必要か?」「定年退職後だと何割賃金を下げられるのか?」という抽象的な問題設定はミスを招く。

①社内の従業員の種類、②各種待遇（手当・休暇等）について、表計算ソフトなどで、就業規則や労働契約書にある条項を明記した「待遇差の整理表」を作成するのが最初に行うべき作業だ。「待遇差の整理表」作成後に行うのは「待遇差の理由の整理」だ。待遇には、それぞれ「趣旨」がある。これを規定や支給要件から読み解き、「待遇差の理由」を整理するのである。

その整理の中で、判例やガイドラインの理屈が自社に当てはまるかも確認する。「待遇差の理由」は、非正社員から「待遇差の説明」を求められた場合の検討資料にもなるので、就業規則の根拠条項や社内運用も踏まえ、具体的なものとして整理する。「不合理な待遇差」に該当するものについては、「職務の内容」「人材活用の仕組み」の見直しや待遇自体の変更を検討する。待遇ごとの検討ポイントは企業によって異なるが、代表的な部分は次の表に示した。

■「同一労働同一賃金」に対応する
―待遇差検討の概要―

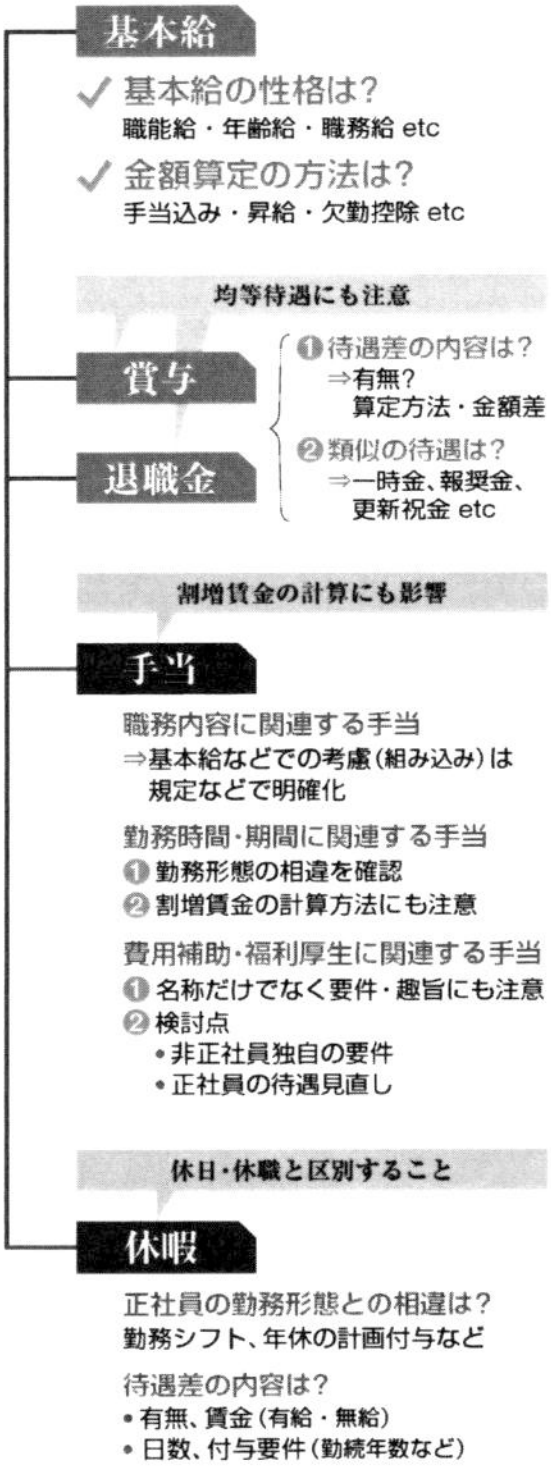

基本給
✓ 基本給の性格は?
職能給・年齢給・職務給 etc
✓ 金額算定の方法は?
手当込み・昇給・欠勤控除 etc
均等待遇にも注意
賞与
退職金
❶待遇差の内容は?
⇒有無?
算定方法・金額差
❷類似の待遇は?
⇒一時金、報奨金、
更新祝金 etc
割増賃金の計算にも影響
手当
職務内容に関連する手当
⇒基本給などでの考慮(組み込み)は
規定などで明確化
勤務時間・期間に関連する手当
❶勤務形態の相違を確認
❷割増賃金の計算方法にも注意
費用補助・福利厚生に関連する手当
❶名称だけでなく要件・趣旨にも注意
❷検討点
• 非正社員独自の要件
• 正社員の待遇見直し
休日・休職と区別すること
休暇
正社員の勤務形態との相違は?
勤務シフト、年休の計画付与など
待遇差の内容は?
• 有無、賃金(有給・無給)
• 日数、付与要件(勤続年数など)

(出所)筆者作成

同一労働同一賃金への対応では、従前の判例の検討が必要だが、注意点がある。裁判所の判決は事件ごとの争点判断であり、前提事情が異なれば、結論や理由も異なりうるという点だ。

また、事件ごとの判断なので、例えば「定年退職者の賃金は何％まで下げたら違法（不合理な待遇差）になる」などと企業横断的に一般的な判断をすることはなく、そうした判決は今後も期待しがたいという点だ。今後しばらくは、判例の動向と射程範囲に注意する必要がある。

高仲幸雄（たかなか・ゆきお）
早稲田大学法学部卒業。２００３年弁護士登録。中山・男澤法律事務所パートナー。近著に『同一労働同一賃金Q&A―ガイドライン・判例から読み解く』など。

中小企業では紛争リスクが大きい

新たな待遇差問題はこうして解決を

【ポイント】
①中小企業は紛争のときのリスクが大きい
②裏技はなく判例や行政の指針を分析

改正パート・有期法（短時間労働者及び有期雇用労働者の雇用管理の改善等に関する法律）は、中小企業には適用が1年猶予されていたが、いよいよ2021年4月から適用される。

20年10月には、有期雇用労働者（契約社員）の待遇差が争われた裁判について、一挙に5件の最高裁判所判決が言い渡されており、大きく報道された。このような報道には、企業のみならず、実際に働く非正社員も接しており、現在も多くの裁判が係争中である。

そのため、中小企業であるからといって、悠長に構えることはできない。むしろ、大企業であれば、正社員と非正社員との間で「職務の内容」や「人材活用の仕組み」などの人事管理を区別しやすいが、従業員数の限られている中小企業では右記の区別が曖昧になりがちなので、紛争になった場合のリスクが大きいともいえる。

ここでは、待遇ごとのポイントを説明したうえで、対応上の留意点を解説する。

賃金体系や基本給は?

正社員と非正社員では賃金体系自体が異なるのが一般的であり、法違反となるリスクは低い。ただ、非正社員の基本給で、正社員の手当分が加算されている場合(例:営業職の非正社員の基本給に、正社員の営業手当分が加算されて設定されている場合)では、加算の実態があるか否かが「手当」をめぐる待遇差で問題とされうる。手当分を基本給で加算しているのであれば、雇用契約書に明記するなどして、事前に説明しておくべきである。

20年10月の最高裁判決では、有期雇用労働者に賞与と退職金を不支給としたことが不合理（均衡待遇違反）ではないと判断された。ただ、今後は①非正社員に賞与や退職金を一部支給している場合には「金額差」をめぐる紛争が起こる、②不支給の場合でも「均等待遇規制」の観点から問題とされる、という可能性はある。

中小企業では、正社員と非正社員で「職務の内容」や「人材活用の仕組み」を区別しにくいことも多く、②には注意が必要である。

各種手当では、手当の趣旨が重要だ。住宅手当や調整手当などでは、名称だけではなく就業規則や賃金規程の条文も見ていかないと趣旨・目的が判断できない点に、注意が必要である。

特定の業務や作業内容と関連性が高い手当を正社員のみに支給することにはリスクがある。また、勤務シフト（勤務の日や期間）が正社員と同じなのに、非正社員にだけ時間や期間に対応する手当を支給しないことも問題視されうる。他方で、これらの手当分が非正社員の基本給で考慮（加算）されている場合もあり、手当は基本給とセットで検討すべきである。

通勤手当のような費用補助の趣旨の手当も、正社員だけに支給することはリスクが大きいし、金額差を設ける場合も説得力のある理由が必要であろう。

家族手当のような福利厚生的な手当については、現在の裁判でも明確な基準は示されていないが、長期雇用を想定する非正社員でない限り、一部支給や正社員と異なる支給要件などの待遇差は許容されるだろう。

なお、手当について制度変更を行う場合は、割増賃金の計算への影響を確認する必要がある。

休暇については「有無」だけではなく、日数や休暇中の賃金支給（有給・無給）の観点でも待遇差が問題となる。検討の前提として、正社員と非正社員の勤務形態（労働日・休日の設定方法）や年次有給休暇の付与方法の相違も踏まえて検討したい。

休暇は、月給制の正社員にとっては「休んでも給料は変わらない日」かもしれない。

しかし、時給制・日給制で仕事の掛け持ちをしている非正社員には「休暇（有給）を取得した日はほかで仕事ができる（稼げる）日」なので賃金に直結する。有給の休暇が与えるインパクトは正社員よりも大きいという点を「待遇差の説明」の場面でも意識しておくべきだろう。

安全管理に関する待遇は、企業の安全配慮義務（労働契約法5条）や防犯の関係からも、正社員との格差が出ないようにすべきだろう。

福利厚生は、企業によって多種多様であるが、利用頻度が高い給食施設、休憩室、更衣室などは原則として非正社員にも利用機会を付与しておきたい。

説明は裁判の前哨戦

改正パート・有期法の目玉は、待遇差の説明義務である（同法14条2項）。大企業であれば、専門の弁護士などにすぐに相談できるかもしれないが、多くの中小企業は自社で対応せざるをえないだろう。

待遇差に不満を持つ非正社員は、今後は、裁判前に待遇差の説明を求めてくることが想定される。待遇差の説明は、いわば裁判の前哨戦であり、中小企業では「待遇差の説明義務」の履行を求められた場合にどのような対応をするか？という観点から必要な作業を逆算するのも一案である。

次に、待遇差の説明を求められた場合のおもなチェックポイントを示す。経営者や担当者はこれらを参考に、必要な作業をイメージしてほしい。

トラブルのときのチェックポイント

①説明を求めている非正社員は？

雇用形態、無期転換（労働契約法18条）の予定、代理人や労働組合の関与

②説明する日時・方法は？

賃金の取り扱い、口頭・資料交付の方法

③説明時に提示する資料は？

・就業規則、賃金規程などの提示方法

・比較対象者が個人の場合、プライバシーに注意
④待遇差の内容・理由は？
・待遇の「有無」「程度（金額・日数差）」「付与要件の違い」などを就業規則や賃金規程に基づいて整理
・判例・裁判例や同一労働同一賃金ガイドライン（指針）も参照
⑤不利益取り扱い禁止（パート・有期法14条3項）への注意喚起は？
雇い止め（契約不更新）や懲戒処分などの場面で問題に

「同一労働同一賃金」への対応において、「これさえやっておけば大丈夫」といった裏技的なものはない。手間はかかるが、待遇ごとに就業規則などの条文を見て、趣旨や待遇差の内容を確認したうえで、待遇差がある部分の理由を裁判所の判決内容や行政の指針「同一労働同一賃金ガイドライン」を参考に検討していく。ただ、その検討でも重点の置き方は意識しておく必要がある。

不合理な待遇差に該当するか否か（均衡待遇規制）の判断要素には3つの要素があ

るが、重要なのは、職場内で非正社員にも見えやすい「職務の内容（業務の内容・責任の程度）」である。

実際、非正社員が持つ待遇差に関する不満は「同じ仕事なのに待遇が違う点」であることが多い。そのため、正社員だけが担当する業務内容や、金銭管理やクレーム対応、緊急呼び出し時の対応義務のような責任・義務の違いが重要になる。

次に、非正社員の「人材活用の仕組み」では「役職」と「出向・転籍」に注意が必要である。非正社員に正社員と同様の上位役職を付与していたり、就業規則等で非正社員にも出向や転籍を命令できるようになっていたりすると、正社員と「人材活用の仕組み」が共通していると判断されるリスクがある。

そのため、非正社員に役職を付与する場合でも、正社員とは異なる役職の名称・内容とすべきであるし、仮に出向等があるとしても契約更新時に実施するか、同意を得て実施すべきであり、契約期間中に業務命令として実施できるような規定は見直すべきである。

中小企業の場合、就業規則の変更などによる労働条件変更が大企業よりも容易なケースがある。

そこで、改正パート・有期法への対応として、正社員の手当や休暇を整理・統合し、非正社員との待遇差自体を解消してしまうことも考えられる。

ただ、この場合は、就業規則の不利益変更（労働契約法9条、10条）の問題があるし、労働組合がある場合は労働協約との整合性も検討する必要がある。

非正社員側の待遇を見直す場合は、待遇の相互関係を意識してシミュレーションをすることが必要だ。手当の新設や金額変更は割増賃金の計算に影響する場合があるし、待遇変更の時期についても、社員ごとの契約更新時期に実施するのか、一斉に実施するのかという問題があるからだ。

（弁護士・高仲幸雄）

すべての企業で対策が必要に〔22年施行〕

ハラスメント対策を急げ！

第一芙蓉法律事務所　弁護士・木下潮音

【ポイント】
①中小企業ならではのパワハラ対策がある
②「パワハラを許さない」トップの宣言が重要
③セクハラ・マタハラもこれを機に対策強化を

2020年6月に施行された「改正労働施策総合推進法」は、「パワハラ（パワーハラスメント）防止法」とも呼ばれる。施行と同時に、まず大企業に「パワハラ防止対策」が義務づけられたが、22年4月からはその範囲が中小企業にも広がる。

しかし何をすべきなのか。焦りを感じている中小企業の経営者や人事担当者は多いようだ。はじめに、パワハラとは次の3つの要素すべてを満たす行為を指す。

優越的な関係を背景とした言動

業務上の地位が上の者、知識や経験が豊富で業務に必要な指導や助力を行う立場の者などは要注意。

業務上必要かつ相当な範囲を超えたもの

業務の目的からの大きな逸脱、業務遂行手段としての不適当さ、回数・人数面などを総合的に考慮する。

労働者の就業環境が害されるもの

心身に苦痛を与えられたことによる能力発揮への悪影響などを、「平均的な労働者の感じ方」を基準として判断する。

次に、求められる4つの対策がどのようなものなのかを整理しよう。

①事業主の方針の明確化およびその周知・啓発

これは、パワハラの定義や、それを行ってはならない旨の方針を明確化すること。そして、就業規則等にパワハラ行為者への対処の厳正化、対処内容についての規定を設けることだ。

②相談（苦情を含む）に応じ、適切に対応するために必要な体制の整備

ここで重要なのは、「相談窓口」の設置だ。会社はその存在を社員らに周知し、また、相談に対応する者の対応力強化にも努める。

③職場におけるパワハラに係る事後の迅速かつ適切な対応

実際にパワハラが起こってしまったときにどうするか。最初に、事実関係の迅速・正確な把握。次に、被害者に対する配慮のための措置、そして行為者に対する措置を取り、再発防止措置を講ずる。

④併せて講ずべき措置

2点あり、1つは、相談者・行為者等のプライバシー保護に関わる措置。もう1つは、相談者や協力者等への解雇その他不利益な取り扱いの防止措置である。

ハラスメントの本質は、立場が強い者から弱い者への嫌がらせである。そのため、もともと社内で強い立場にあった加害者の側は、問題を起こした後、何ら変わらぬ会社員生活を送ることのできる場合も多い。一方、立場の弱い被害者の側が、不当な降格や配置転換といった処遇を受けることや、ハラスメントの内容などが知れ渡り会社に居づらくなって、退職に追い込まれることもある。

被害による苦痛だけでなく、それを訴え出たことによる不遇まで引き受けさせる。その歪みを是正しうる点で、今回①で対処内容の規定が設けられるだけでなく、④が義務化される意味は大きい。

さて、これら4点について何から始めるか。ここからは、人員の限られた中小企業という前提で取り組みのポイントを考えたい。

■パワハラの類型

●身体的な攻撃（暴行・傷害）

例▶殴打、足蹴り、物を投げつける

●精神的な攻撃（脅迫・名誉毀損・侮辱・ひどい暴言）

例▶人格否定的な言動（性的指向・性自認に関する侮辱を含む）、必要以上に厳しい叱責を繰り返し行う、相手以外もいる場での威圧的な叱責を繰り返し行う

●人間関係からの切り離し（隔離・仲間外し・無視）

例▶仕事を外し長期間にわたり別室に隔離したり自宅研修させたりする、集団で無視をし孤立させる

●過大な要求
（不要なことや不可能なことの強制・仕事の妨害）

例▶新卒採用者に必要な教育を行わないまま高すぎる目標を課し未達時に厳しく叱責する、私的な雑用を強制的に行わせる

●過小な要求
（能力や経験と懸け離れた程度の低い仕事を命じる・仕事を与えない）

例▶管理職の労働者を退職させるために誰でもできる業務を行わせる、嫌がらせのために仕事を与えない

●個の侵害（私的なことに過度に立ち入る）

例▶職場外での継続的な監視、私物の写真撮影、性的指向や不妊治療などの機微な個人情報の暴露

（出所）厚生労働省パンフレット「職場におけるパワーハラスメント対策が事業主の義務になりました！」（2020年）を基に東洋経済作成

経営者のコミットメント

まず大事なのは、トップのあり方だ。パワハラ防止対策関連で厚生労働省が出している資料には、分厚いものから薄めのものまである。経営者はそれらを読み、そのうえで、「ハラスメントはあってはならない、やってはいけない、私はハラスメントを許さないし、自分もしないよう心がけている」といった宣言をするのだ。

例えば、社長が朝礼などで話をして、メッセージを文書で社内に共有するのもいいだろう。とくに現場に対する経営者の影響力が大きい企業では、高い周知効果とハラスメントの抑止が期待できる。

2番目は相談体制の整備。ここで悩ましいのが、人員確保の問題だ。人事部長が相談窓口担当を兼務している企業は多いが、社員の側からすれば、それでは相談しにくい。そこで、例えば人事・総務部門に、新人や若手の相談に乗ったり、世話を焼いてくれたりするベテラン社員はいないだろうか。もし皆に頼られている人物がいるなら、役職にかかわらず指名して、相談窓口を担当してもらうのも手だ。

そして、そのハラスメント相談窓口を担当する人には、詳しい資料で勉強してもらったり、外部のセミナーに参加してもらったりする。今は、無料セミナーも多い。

また、大企業のグループ会社や子会社の場合には、相談窓口を一緒に使わせてもらうことで解決できるかもしれない。あるいは地元の同業者組合や商工会議所で、共通の窓口を整備する方法もある。自社に窓口を持つのが難しければ、現実的なのは外部を頼ること。何にせよ、法で義務づけられるのだから、「お手上げ」と何もしないでいることは許されないのだ。

3番目は、実際に相談があったとき、きちんと話を聞いて「こんな相談があった」と報告が上がるようにする。会社が今回どう対応し、以後どう取り組むべきか。それを社長や人事部長、総務部長が理解し、実行できる体制を整えたい。また、社員の側は、会社の対応が不十分であった場合、労働局の調停を利用することもできる。

4番目、最後はプライバシー保護と不利益取り扱いの防止だ。プライバシーについて、「誰々さん、パワハラを受けたらしいよ」といった暴露が日常的に行われてはいないだろうか。これはあってはならないことだ。社風や企業文化にも関わる部分なので、徹底したい。

ここまでやっていれば、なかなか立派だ。しかし実は、これらの対策は、セクハラ（セクシュアルハラスメント）、マタハラ（マタニティーハラスメント）に関してはすでに法制化されている。その対応ができていた企業なら、今回は既存の仕組みの中にパワハラの項目を追加するだけで済む。現実には対応できていなかった企業も多いだろうが、これを機にハラスメントに対する自社の姿勢を明確にし、制度を整えてほしい。

また、パワハラ防止法の条文は、「労働者」を自社の従業員に限定していない。自社従業員が他社の社員にパワハラを行えば会社間の問題にもなる。注意が必要だ。

日本のハラスメント対策は、１９９９年施行の男女雇用機会均等法「女性労働者に対するセクシュアルハラスメント防止のための配慮義務」が最初だった。その後、育児・介護休業法も含めて整備される中でセクハラ、マタハラの防止対策がともに義務化され、今日に至る。では、なぜ今回のパワハラ防止対策義務化がこれほど大きな注目を集めるのか。それは、日本のビジネス界がまだまだ男性社会であることの表れにほかならない。

価値観の古さが問題に

誤解を恐れずいうなら、とくに今の経営者層において、セクハラ・マタハラはひとごとだった。被害者は多くの場合女性で、局所的な対応を間違えなければ、それでいいという認識があったのではないか。しかし、パワハラとなれば「身に覚えがある」のだ。

若手の頃に上司や先輩から受けた叱責、管理職になって経営陣から受けた厳しいプレッシャー。あれは、今ならパワハラだ。そう思いつつ、自己の経験に照らして、パワハラをある種当たり前のものとして受け止めてしまう。

しかし、今はチャンスでもある。社内に整備する最初のハラスメント防止対策の対象がパワハラであるとしたら、同じ枠組みでセクハラ・マタハラにも対応することができるからだ。

世界的な潮流としては、ハラスメントに関するより大きな問題として、セクハラ・マタハラが挙がる。パワハラの多くが同質性の高い社員間で起こる一方、セクハラ・マタハラは性差別だ。米国であれば、次に人種差別が問題となるだろう。日本でパワハラに集まる注目は、多様性のなさの裏返しだ。だが、その対策を進めることは、ダイバーシティーへの対応の下地をつくっていくことにもなる。

木下潮音（きのした・しおね）
1985年弁護士登録（第一東京弁護士会）。86年第一芙蓉法律事務所設立に参加。過労死等防止対策推進協議会委員、経営法曹会議常任幹事、日本労働法学会理事、第一東京弁護士会労働法制委員会副委員長。

リモート勤務はここに注意!

在宅勤務を導入する・している企業にとって重要なのが、関連規定や社内制度の整備・確認だ。在宅勤務には法的な論点が多数存在する。いくつか取り上げたい。

まず重要なのが、勤怠管理だ。実態がどうであれ所定の時間働いたものと見なす「裁量労働制」を導入したいと考える企業は多いかもしれない。だが、中小企業の従業員にこれを適用するのは難しい場合が多く、在宅勤務でも残業代の支払いは必要になる。

トラブルや働きすぎによる従業員の心身の不調を避けるためにも、始業と終業の連絡は確実に行いたい。メールや電話のほか、クラウド勤怠管理システムなどもある。

人事評価の方法を見直す必要も出てくる。働く姿が直接見えないことを前提に、仕事のアウトプットをしっかりとチェックし、適切な評価を行わねばならないのだ。

ただし、業務内容や職種によっては、成果が出にくいことも、努力以上によい結果が出ることもある。労働法を専門とする木下潮音弁護士は、「会社はいろいろな仕事をする人で成り立っている。稼ぐから偉い、という価値観だけではなく、社員同士がお互いの仕事にリスペクトを持つことが大事」と言う。社員間に不満や不公平感の出にくい制度設計を行いたい。

■在宅勤務の特性とメリット

特性		むやみに介入すべきでない私生活の場所で業務が行われる
		仕事と日常生活の時間帯が混在
		1人で集中した仕事ができる環境（働きすぎを招く可能性も）
		個人で使える時間が増加（働きすぎを招く可能性も）
		各種ツールの使用でオフィス勤務と大差ないコミュニケーションも可能
メリット	労働者	通勤時間の短縮、通勤に伴う精神的・身体的負担の軽減
		業務効率化、時間外労働の削減
		育児や介護と仕事の両立の一助となる
		仕事と生活の調和を図ることが可能　など
	使用者	業務効率化による生産性の向上
		育児・介護などを理由とした労働者の離職の防止
		遠隔地の優秀な人材の確保
		オフィスコストの削減　など

（出所）厚生労働省「在宅勤務での適正な労働時間管理の手引」(2012年)、同「テレワークにおける適切な労務管理のためのガイドライン」(19年)を基に東洋経済作成

新たに発生するコスト

生活と仕事の場が一体になったことによる不便はどうしても発生する。「同じ時間働くとしても、在宅勤務にオフィスでの勤務と同等の成果を求めるのは難しい。給湯室や社員食堂も、高性能の設備も、自宅にはない。事務や掃除の仕事を担うスタッフもいない」（木下弁護士）。

オフィスにおけるコストが下がる分、従業員が個別に負担を増やしているということだ。また、ビデオ会議や通常の業務に必要な機器の購入、通信費などの費用負担については、取り決めをしておくのが望ましい。

新しい働き方は急速に広がっている。労働環境をよりよくすれば、従業員はよりよい仕事ができるようになる。そのための制度や規定の整備が求められている。

（山本舞衣）

仕事の成功率が上がる！

ビジネス法　独学・情報収集術

経営共創基盤（ＩＧＰＩ）ディレクター・宮下和昌

【鉄則】

①「ＰＵＬＬ型の情報収集」の仕組み

②重点的に学ぶなら、まずは契約法

③最初に読むのは薄いテキストでいい

いわゆるＳＷＯＴ分析（強み：Strength、弱み：Weak-ness、機会：Opportunity、脅威：Threat の分析フレームワーク）において、法制度は「脅威」に分類されることが多いが、実は、ビジネス上の「機会」でもあることを知ってほしい。

当局によって電子署名に関する新たな法解釈が公表されたことにより、電子契約ビジネスが大きく前進したというのは近時の好例だ。こうした機会を逃さず、自身の関わる事業の法的なリスクと機会を正しく認識したい。

では、何をやるべきか。ここでは、多忙なビジネスパーソンにオススメの情報収集や独学の方法、そしてそのポイントを紹介したい。

まずは、情報収集だ。必ずしも法律を専門にしないビジネスパーソンにとっては、法律情報が向こうから自動的に飛び込んでくるような「PULL型の情報収集」の仕組みづくりが重要となる。例えばツイッターのようなSNS（交流サイト）で、弁護士や法務に携わる人たちの情報発信に触れてみてはどうか。フォローするだけで、今話題の法律トピックに関する情報が入ってくる。法律事務所が顧客向けに無料で発行しているニュースレターを読むのもいいだろう。自分の業界に関する情報を配信してもらえるよう、メールアドレス登録をしておくだけだ。

また、所管省庁による関連資料や研究会の報告書について、RSS（新着情報配信）を設定しておくと最新情報のチェックに便利だ。これらは、一度フォロー、登録、設定するだけで情報が自動的に入ってくる「仕組み」だ。今の生活スタイルを変えず、気軽に始められる。

法律雑誌も、1年に1度、総目次くらいは見ておくといい。総目次には、21年どんなトピックが取り扱われたかが網羅される。毎月読むのは現実的ではないが、1年分をざっと眺めてみるこの1回の作業で、自分の仕事に関係する法律の改正や裁判例が見つかるかもしれない。新しい法律の施行が新規事業のヒントになる可能性もある。

契約の相手は必ず人間だ

次は、法律を勉強する際に、何を優先的に学ぶかであるが、その答えは「民法」（契約法）だ。

どんな複雑なITを使おうと、AIやロボットがビジネスの主役を飾ろうと、最後は人と人との間の権利義務の関係に行き着く。人間がどんなツールを使おうと、社会生活を営むうえでの問題は、最後は必ず民法に帰着するのだ。私自身、クライアントのDXプロジェクトに長く関わっているが、そこで実際に使う法律知識の多くを占めるのは民法なのである。

テキストは、まずは薄い本で分野の全体感をつかむのがよい。最初の時点で、木を見て森を見ず、にならないことが重要だ。

また、法律は具体的な事例に結び付けながら学習しなければならない。法律はあらゆる事象に対応する普遍的ルールとしての性質上、非常に抽象的に作られている。しかし、学習する際は具体的な事例に結び付けながら帰納的にルールを理解していく必要がある。したがってテキストは、具体的な事例の多く載ったものを選ぶべきだ。

「ビジネス実務法務検定試験2級」といった検定試験を利用して勉強するのもいい。時間をかけず短期集中で一気呵成に学習するのがポイントだ。公式テキストは非常によくできている。日々のビジネス実務に生かせる知識がコンパクトにまとまっており、集中して一度勉強すれば長く役立つだろう。

宮下和昌（みやした・かずまさ）

ＩＧＰＩ弁護士法人代表弁護士。ソフトバンクグループの法務部門を経てＩＧＰＩに参画。近著に『事業担当者のための逆引きビジネス法務ハンドブック　Ｍ＆Ａ契約書式編』がある。

【Q&A】企業やベテラン社員はどうする？〔21年施行〕

70歳定年制度の基礎知識

2021年4月に施行された「改正高年齢者雇用安定法」。ここでは、その概要や注意点、企業や労働者に求められる対応をQ&A形式で取り上げ、志（こころ）特定社労士事務所代表で特定社会保険労務士の矢島志織氏に答えてもらった。

——【Q1】今回の法改正の概要と、そこに込められた国からのメッセージは何か？

65歳までの雇用確保義務に加え70歳までの就業確保を努力義務として定めるというもの。「少子高齢化の進展やそれに伴う社会保障費の増大は、大きな課題。高齢者にも活躍してほしいという国からのメッセージだ」（矢島氏、以下同）

改正法施行後は、5つのうちいずれかの高年齢者就業確保措置が努力義務となる。

「実施については厚生労働相が指導、助言、勧告できる。これまでも高年齢者の就業確保は努力義務を経て義務化されてきた。今回も、いずれは70歳までの確保が義務になると予想される。今から準備を始めておきたい」

その際は、社内における年齢階層を〝見える化〟すること。高年齢者がいるならすぐさま対応を始める、数年後に65歳を迎える社員がいるなら、それを見越して制度設計に着手すればよい。「会社側は高年齢者に対する職務分担と賃金などを提示したり、労働者はどうしてほしいか要望を伝えたりする。労使で話し合ってほしい」。

■70歳まで働ける仕組み
—改正高年齢者雇用安定法の概要—

65歳までの雇用確保（義務）

＋

70歳までの就業確保（努力義務）

次の①〜⑤の高年齢者就業確保措置を講じるように努める

① 70歳までの定年引き上げ

② 定年制の廃止

③ 70歳までの継続雇用制度の導入
（※特殊関係事業主に加えてほかの事業主によるものも含む）

—創業支援等措置—

④ 70歳まで継続的に
業務委託契約を締結する制度の導入

⑤ 70歳まで継続的に以下の事業に従事できる制度の導入

a.事業主自ら実施する社会貢献事業

b.事業主が委託、出資（資金提供）などをする団体が行う
社会貢献事業

※④、⑤は過半数組合などの同意が必要　　（出所）取材を基に東洋経済作成

――【Q2】どういったプロセスを経て自社が採用する高年齢者就業確保措置を選べばよいか。

厚生労働省が全国の常時雇用する労働者が31人以上の企業16万4151社（中小企業14万7081社、大企業1万7070社）を対象に集計した「令和2年『高年齢者の雇用状況』」によると、65歳までの雇用確保措置のある企業は全体の99・9%。そのうち最も多いのは、継続雇用制度の導入だ。定年の引き上げや廃止には制度の変更が求められる。それに比べると継続雇用はまだ導入しやすい。

「会社としても65歳までの雇用は手探り。1年単位の有期雇用契約なら、一歩ずつ高年齢者の雇用を進められる。70歳定年についても、継続雇用制度を採用する会社が多いのでは。一方、定年をいったん廃止して、そこから元に戻すのは、労働者に対する不利益変更禁止の原則に抵触する。継続雇用から始め、段階的に引き上げや廃止の議論に進めばよい」

飲食など労働者不足が顕著な業界は65歳定年に積極的で、70歳定年でも同様の姿勢がうかがえる。ただ、「飲食は新型コロナウイルスの影響で人材余剰のところもある」とも。事業環境と照らし合わせた舵取りも求められるようだ。

厚生労働省のデータだと、65歳定年、66歳以上でも働ける制度、70歳以上でも働ける制度、定年廃止は、大企業よりも中小企業のほうが実施の割合は高い。

「大企業は退職金制度を設けているところが多い。定年を引き上げると、退職金の原資確保はもちろん、賃金も課題になる。じっくり検討しながら進めていると推測できる。中小企業は退職金制度がなく、人手不足なので働き続けてほしいという姿勢の表れだろう」

――【Q3】業務委託契約の導入など創業支援等措置はどう活用すればよい?

創業支援等措置として、70歳まで継続的に業務委託契約を締結する制度、社会貢献事業に従事できる制度の導入も認められた。「高年齢者が希望したらというのが条件。宅配便などアウトプットが見えやすい業務だと、業務委託契約は導入しやすいだろう。働き方の多様化は進むが、それまで会社員だった人が、高年齢になり業務委託契約を結びたいと思うかどうかはわからない。また、会社には雇用契約と混在しないような運営が求められる」。ただ、自分のペースで働きたいとか、スキルを武器に能動的に働きたいという人にとって、業務委託契約は向いているかもしれない。

社会貢献事業に関しては、自社に関連するＮＰＯや団体で従事することが想像できる。収入の確保が目的なら継続雇用、労働時間に縛られたくないなら業務委託契約や社会貢献事業というように、会社側がいくつかメニューを用意して、その中から労働者本人が選ぶことも考えられる。現時点では不明な点も多く、今後事例が出てくることで明らかになるだろう。

――【Ｑ４】65歳以上の高年齢者にも無期転換ルールを適用しないといけない？

７０歳定年で継続雇用制度を選ぶと、１年更新の有期雇用が最有力になる可能性が高い。そこで注意したいのは「無期転換ルール」だ。通常は、定年後引き続き雇用される有期雇用労働者には無期転換の申込権が発生する。「高年齢者に対しては特例措置があり、要件を満たしたうえで労働局に申請すると、無期転換申込権が発生しない。必要に応じて対応したい」。

大企業は2020年4月に実施済み、中小企業は21年4月から、同一労働同一賃金が施行される。売店業務に従事する正社員に退職金を支給し契約社員に支給しないことは不合理でないとした「メトロコマース事件」のような判例もあるが、その根拠となった旧労働契約法第20条（期間の定めがあることによる不合理な労働条件の相違を禁止するもの）は、パートタイム労働者・有期雇用労働者法（パ有法）に統合された。

「同法を基にした裁判事例はこれから出てくる。メトロコマース事件の判例を鵜呑みにしてはいけない。正社員と高年齢者に賃金などの待遇差をつけるなら、職務内容や責任の範囲、配置転換の有無、労働時間・日数、人材活用の仕組みなど、違いを明確にして説明することだ」

――【Q5】改正法の施行に当たり高年齢の労働者は何をしないといけない？

企業にとっては労働力確保や技術継承、労働者にとっては収入確保、生きがいの実現などのメリットがある。一方で、若い労働者の確保やポジション問題などの課題もある。労働者はこの法律にどう備えればよいか。矢島氏は、「自分はどんな仕事ができる人なのかブランディングすること。日本がジョブ型雇用にシフトする中、高年齢者も職務やスキルを可視化しておきたい」と言う。自分の武器を理解しておくと、ヘッドハンティングや副業にもつながる可能性がある。

（ライター・大正谷成晴）

人生設計を変える法改正が続く

【ポイント】
①70歳まで企業型DCを続けられる
②75歳以降の年金受給開始で最大84％増額に
③中小事業所のパートも厚生年金に入れる

2021〜22年に行われる法改正には、家計や老後の生活への影響が大きい、社会保険や働き方、税金に関連するものも多い。ファイナンシャルプランナーで家計相談の実績が豊富な、ファイナンシャルリサーチ代表の深野康彦氏は、「人生100年時代に、高齢期の経済基盤をいかに充実させるかを考えることにつながる改正もあるので、ポイントを押さえたい」と助言する。

■社会保険などの法改正が目白押し

―社会保険や働き方、税金に関する主な法改正のスケジュール（2021～22年）―

年	日付	分野	主な法改正
2021年	1月1日	働き方	改正育児・介護休業法施行
			改正労働者派遣法施行
		税金	**住宅ローン控除の特例適用期間延長**
	3月末	税金	**「教育資金の一括贈与の特例」「結婚・子育て資金の一括贈与の特例」の適用期間延長**
			住宅取得等資金贈与の特例の取得期限、居住期限を1年延長
	4月1日	働き方	**改正高年齢者雇用安定法施行**
			改正労働者派遣法施行
			改正労働施策総合推進法（パワハラ防止法）施行
		介護保険	改正介護保険法施行
		年金	年金額の改定ルールの変更（賃金下落率に合わせた年金額改定）
			短期滞在外国人の脱退一時金制度の見直し
	8月1日	介護保険	「高額介護サービス費」改正
22年	4月1日	年金	**在職定時改定**（65歳以上の在職老齢年金受給者の年金額を毎年定時に改定）
			在職老齢年金制度の見直し
			繰り下げ受給年齢の上限引き上げ、年金額増減率の変更
			国民年金手帳から基礎年金番号通知書への切り替え
			年金担保貸付事業の廃止
	5月1日	年金	**企業型確定拠出年金の加入可能要件の見直し（65歳未満から70歳未満に拡大）**
			iDeCo（個人型確定拠出年金）の**加入可能要件の見直し**（60歳未満から65歳未満に拡大）
	10月1日	年金・健康保険	**被用者保険（厚生年金保険・健康保険）の適用範囲の拡大**
			被用者保険（厚生年金保険・健康保険）の早期加入措置
			企業型確定拠出年金加入者のiDeCo加入要件の緩和

（注）**太字**は現役世代ビジネスパーソンの家計への影響が大きい改正
（出所）深野氏への取材を基に筆者作成

75歳受給開始の選択肢

「重要な法改正」は2021年4月からの改正高年齢者雇用安定法と、22年4月に施行される年金の繰り下げ受給年齢の上限引き上げと年金額増減率の変更、そして同年5月に施行される企業型確定拠出年金の加入可能要件の見直し、iDeCo（個人型確定拠出年金）の加入可能要件の見直し、10月施行の被用者保険の適用範囲拡大だ。

改正高年齢者雇用安定法により、これまで企業の義務だった65歳までの雇用確保に加え、70歳までの就業確保が努力義務となる。

「これは22年4月から実施される、年金の繰り下げ受給年齢の上限引き上げと表裏一体の関係にある。公的年金は、原則として65歳から受け取れるが、現行制度では希望すると60歳から70歳の間で自由に受給開始時期を選ぶことが可能だ。今回の改正では、その上限を75歳まで引き上げることになる」（深野氏）

現行法では、65歳より早く受け取る「繰り上げ受給」では最大30%減額された年金を、65歳より遅く受け取る「繰り下げ受給」の場合には最大42%増額された年金を受け取ることになる。受給開始を75歳まで引き上げた場合には、増額率は1カ月当たりプラス0・7%（最大プラス84%）となる。

70歳までしっかり働いて生活費を稼ぐとともに貯蓄を増やし、74歳まで貯蓄でやり繰りすれば、75歳以降は一生涯、増額された金額を受け取れるというわけだ。

22年4月からは高齢者の在職中の年金受給のあり方も見直される。60歳以降に働きながら受け取れる年金（在職老齢年金）のうち、「低在老」と呼ばれる60歳から64歳に受け取る年金は、賃金と年金の合計額が月額28万円を超えると年金の支給が停止されていた。これが47万円に引き上げられる。「高齢者の働く意欲をそがないため」（同）だ。

さらに、「在職定時改定」も新設される。これまでは、65歳以降も引き続き働く場合、65歳以降の厚生年金の保険料納入分については、退職時もしくは70歳のどちらか早い時期にならないと年金額に反映されなかった。

「在職定時改定が導入されると、毎年10月に年金額が改定され、それまでに納めた年金保険料額が反映されるようになる。働くことで収入が増え、かつ年金も増えることが実感できれば働き続ける意欲が湧くはず」（同）

22年5月からは、基礎年金や厚生年金などの公的年金に上乗せする確定拠出年金制度への加入可能年齢も引き上げられる。掛け金を事業主が拠出する企業型確定拠出年金制度（企業型DC）では、加入できる年齢が現在の65歳未満から70歳未満に上がる。加入者自身が掛け金を支払うiDeCoの加入可能年齢も現在の60歳未満から65歳未満になる。10月からは企業型DCの加入者がiDeCoに加入しやすくもなる。

「企業型DCがある会社の場合、iDeCoへの加入には労使合意が必要だったが、それが不要になる。企業型DC加入者個人が掛け金を上乗せするマッチング拠出についても、iDeCoとマッチング拠出のどちらか選択できるようになる」（同）

これに先立ち、22年4月からは企業型DCやiDeCoの受給開始時期の上限の引き上げも行われる。従来は60歳から70歳までの間で受給者が選択できた企業型

DCの受給開始時期は、60歳から75歳までに拡大。iDeCoでは60歳から65歳までの間で設定することになっていたが、60歳から70歳までに広がる。

被用者保険（厚生年金保険や健康保険）の適用範囲も拡大される。「中小規模の事業所で働くパートやアルバイトの従業員も、一定の要件を満たせば、厚生年金や健康保険に加入できる」（同）。

従来は従業員数500人超の事業所で働く短時間労働者が厚生年金保険や健康保険に加入することになっていた。22年10月からは従業員数100人超の事業所、24年10月からは従業員数50人超の事業所のパートやアルバイトにも拡大される。

ただし、被用者保険の適用対象となるには、週の所定労働時間が20時間以上、月額賃金が8万8000円以上、勤務期間が2カ月を超えているという条件を満たす必要がある。雇用契約期間が1年未満で、雇用契約書などに契約更新などの記載がなく、更新の実績もない場合には適用されない。

深野氏は、これらの改正について、「中長期的な現役世代の人口減少が見込まれる中で、高齢者にもより長く働いてもらうためのアメとムチの政策」と話す。

「企業が70歳定年を実施するには、能力給制度を導入するなどの賃金制度改革も必要になる。となると、世代間格差に加え、世代内格差も広がる可能性がある。また、長生きがリスクといわれることを考えると、長く働くことも不可欠。これからは、自分と家族がどんな生活を送りたいのか、それにはお金がいくら必要で、いつまでどう働き、どんな制度を活用すれば用意できるかをなるべく早い段階で見積もり、実行に移すことが大切だ」(同)

法改正のポイントを知り、自分と家族がすべき選択を真剣に考えたい。

(ライター・大山弘子)

【企業経営】企業統治の透明化進める〔21年施行〕

改正会社法で何が変わる?

桃尾・松尾・難波法律事務所　弁護士・三谷革司

【ポイント】

①企業統治の透明化が大きな目的
②外国人投資家を意識した改正が目立つ
③企業運営強化に向けた議論は今後も継続

2021年3月1日に一部を除き施行された改正会社法。その概要や狙い、ビジネスパーソンが知っておくべきポイントを解説したい。

企業統治の向上を図る
—改正会社法施行の目的—

日本企業の**コーポレートガバナンス**向上

株主総会運営の適正化

取締役の職務執行の適正化

日本**企業の競争力**強化

国内外**投資家からの信頼獲得**

M&Aも加速する?
—施行後に予想される変化—

ガバナンスの透明化

株主総会運営の効率化・適正化

取締役の職務執行の推進

M&A・組織再編の加速

投資家へのアピール強化

株主総会の規律を見直す
—改正会社法の概要—

株主総会に関する規律の見直し

株主総会資料の**電子提供制度の創設**
(2022年度内施行予定)

株主提案権の濫用的な行使を制限するための措置の整備

取締役等に関する規律の見直し

取締役の報酬に関する規律の見直し

会社補償および役員等のために締結される**保険契約に関する規律の整備**

社外取締役の活用等
(業務執行の社外取締役への委託／社外取締役設置の義務づけ)

その他の改正など

社債の管理に関する規律の見直し
(社債管理補助者制度の創設／社債債権者集会)

株式交付制度の創設
その他(支店所在地の登記廃止など)

(出所) 各種資料を基に東洋経済作成

今回の改正会社法（以下、改正法）の特徴は、コーポレートガバナンスに関して改革がなされたこと。具体的には、「取締役等に関する規律の見直し」において、上場会社等の取締役会は、個人別の報酬等の内容について決定方針を定め、株主にその詳細を開示することになった。

グローバル市場での日本企業のパフォーマンスが低下する中、海外の機関投資家から「企業運営に問題がある」との指摘を受け、前安倍政権による日本再興戦略では、ガバナンス改革に着手。経営トップが報酬を自身の裁量で決める「お手盛り」も従来問題視されていたが、一方では成果を出した経営者には適切な報酬を与えよ、インセンティブとしても報酬を考えるべきだという議論もあった。

２０１５年６月からは金融庁と東京証券取引所によるコーポレートガバナンス・コードの適用が始まっており、その流れにのっとったものだ。

今後は、単に規制をかけて報酬上限を決めればよいのではなく、どれくらい業績と連動するのかといった制度設計を行い取締役会で承認し株主にも示す。併せて有価証券報告書の情報の充実も求められるだろう。

会社補償および役員等のために締結されるＤ＆Ｏ保険（会社役員賠償責任保険）に

ついても同様だ。旧法では直接に定めた規律はなかった。改正法では役員などの責任を追及する訴えがあった場合には、会社が費用や賠償を補償する会社補償や役員などを被保険者とするD&O保険を実施するために必要な手続きを明確にする規定が設けられ、役員報酬と同じく株主にも開示する。

こうした規定が整備されることで、取締役などが職務執行に伴う損害賠償責任を負うことを恐れ、職務の執行が萎縮したりしないようになることが期待される。株主からしても取締役会を経たうえで補償や保険の有無とその内容がわかると、企業の経営に対する信頼・安心につながる。

株主総会にも大きな変化

株主総会関連では大きく2つの法改正があった。

1つは、株主総会資料（株主総会参考書類、議決権行使書面、計算書類・連結計算書類、事業報告）の電子提供制度の創設だ。改正前の会社法では、株主総会開催の2週間前までの書面送付だった。改正後は書面をウェブサイトに掲載し、株主にはそのアドレスなどを記載した書面による招集通知を送ることで、全書面を送付しなくても構わなくなった。

上場会社は定款で採用することが定められ、同制度の利用が義務づけられる。会社にとっては印刷や送付の手間とコストが削減でき、株主も手軽に情報にアクセスできる。ただし、デジタルデバイドを考慮し、電子提供対象の情報について書面交付請求権が認められるので、書面送付がまったくなくなるわけではない。また、同制度に限ってはシステムの準備やサーバーダウンなどへの対応が必要なため、22年度内に施行の予定だ。

新型コロナウイルスの影響で、ウェブによるバーチャル株主総会や、従来型の参加が混在するハイブリッドタイプの株主総会など、法改正とは別のベクトルで実務が先行している。オンラインを利用した株主総会の効率化や多様化は、ますます盛んになるだろう。

もう1点は、株主提案権の濫用防止に対する措置だ。近年は1人の株主が膨大な数の議案を提案したり、野村ホールディングス（ＨＤ）の株主総会ではある個人投資家が「野菜ＨＤに改名しろ」と提案するなど、株主提案権の濫用的な行使事例が発生していた。会社としても対応に苦慮していて、改正法では株主が提案できる議案数を10までとする上限を新たに設けた。

取締役関連の改正では、社外取締役設置の義務づけもあった。これまで、株主総会で理由を説明すれば、上場会社などが社外取締役を置かないことも認められていた。ところが今後は、監督が保証されているというメッセージを内外に示すため、社外取締役を置かなければならないとした。ただ、東証上場会社の98％は社外取締役を置いているので、影響は軽微だ。

海外を意識した法改正

ほかにもM＆Aによる子会社化で株式を対価として用いる株式交付制度の創設や、社債管理補助者制度の創設などもあるが、大きな改正は先述のとおりだ。報酬に関しては代表取締役に再委任して決めるのか任意の報酬諮問委員会で決めるのか議論があるが、それも含めて開示しないといけない。

今回の改正で思うのは、海外のプレッシャーをもはや無視できないということだ。東証に流通している資金の相当な割合が外国人投資家によるもの。日本企業も人口減などで国内市場が縮小する中、彼らに向き合わねば生き残れない。

そうした中、日本企業のガバナンスが遅れているとみられるのは避けたいとの思惑が見え隠れする。今後も、企業のニーズと折り合いをつけつつも、国際ルールに対応していく。グローバル企業はその重要性を理解しているので、適切に向き合っていくだろう。開示情報が増えることで、経営陣にも緊張感が生まれると考えられる。

一方、株主は開示情報の充実により、会社の考えや経営のレベルを推測できる。企業株主なら自社の参考にもなるに違いない。

三谷革司（みたに・かくじ）
桃尾・松尾・難波法律事務所パートナー。弁護士（第一東京弁護士会）・米NY州弁護士。2000年東京大学法学部卒業。07年米コロンビア大学ロースクール卒業。企業法務全般、M&A、株主総会アドバイスなどを担当。

ビジネスパーソンや投資家が知るべきポイント

改正会社法（以下、改正法）の重要な改正点について、ベリーベスト法律事務所弁護士の池内満氏と、よつば総合法律事務所弁護士の加藤貴紀氏に解説してもらった。

――【Q1】今回の改正法にはどういったメッセージが込められ、何が目的と考えられるか。

「株主総会の規律の見直しや取締役等の規律の見直しなど、多岐にわたる法改正が行われた。これまでのコーポレートガバナンスを一層透明化するのが今回の目的と考えられる」（池内氏）

「社外取締役を選任する東証1部上場企業はすでに9割超。それにもかかわらず設置を義務づけたのには、ガバナンス向上を外国人投資家にアピールする狙いもあったと思う。株主総会関係資料の電子提供制度など、改正法は株主にとってプラスになる内容が目立った」（加藤氏）

重要な改正点はここだ！

✔ 株主総会の電子提供制度のポイント

- 定款に定めることで採用できる
- 書面交付を求められたら応じないといけない
- Webサイトのダウンなど中断への対応

✔ 株主提案権のカウント方法

- 役員等の選任・解任などについては議案の数にかかわらず1個と見なす
- 2つ以上の定款変更が連動しているなら1個と見なす
- 議案が10を超える場合、株主が定めた優先順位がないなら取締役が決定

✔ 会社補償・D＆O保険のポイント

- 通常要する費用の額を超える部分は補償できない
- 補償を実施した場合は取締役会で報告
- D&O保険の内容は会社と保険会社の契約で決まる

――【Q2】株主総会資料は、いつまでにウェブサイトに掲載すればよいか。議案数の数え方で注意点はあるか。

「株主総会の日の3週間前の日または招集通知を発した日の、どちらか早い日までに掲載を開始することとされている。電子提供措置は株主総会の前後を通じて一定期間継続しないといけないが、サーバーダウンやウイルスへの感染などによる改ざんで電子提供が中断されると株主総会決議の取消事由となるおそれがある。

その場合でも、中断については会社の善意無重過失であり、中断の時間が一定の範囲内であるなど一定の要件を満たせば、電子提供措置の効力に影響が及ばないとされている。さまざまなトラブルを想定し、複数のウェブサイトで電子提供措置を行って中断が生じないようにしたり、中断した場合の救済措置の要件を満たせるように事前対策を練るとよい。

議案数については、役員などの選任・解任、会計監査人の不再任は議案の数にかかわらず1個の議案と見なす。定款変更に関しても、密接に連動するような場合は1つに数える」(加藤氏)

「株主から議案要領通知請求権に基づき10を超える議案が提出された場合、株主が定めた優先順位があればそれに従うが、優先順位がなければ取締役が判断する。会社が10を超える株主提案を任意に審議することは否定されないが、審議の時間の制約上、改正法の規定に従い10の議案の審議にとどめることが想定される。

株主は、審議すべき議案が10を超えている場合は優先順位をつけておくべきだ。一方、改正法は議案の数え方について解釈の余地がある部分が残るので、会社側は改正法に従って会社として考える議案の数について、株主を説得できる客観的な説明を用意しておく必要がある」（池内氏）

――【Q3】取締役の個人別の報酬額まで明らかにする必要はあるか。また会社補償やD&O保険（会社役員賠償責任保険）の注意点は？

「公開会社かつ大会社、有価証券報告書を提出する義務を負う監査役会設置会社または監査等委員会設置会社が取締役会で決議を求められていることは、例えば、個人別の報酬等の額またはその算定方法の決定に関する方針。各取締役の業績と連動した報酬がある場合は、業績指標の内容および、その額、または数の算定方法の決定に関する方針などだ。個人別の報酬額を必ずしも明示する必要はないと考えられる」（池内氏）

「従来は株主総会で報酬等の総額だけを決めたうえで取締役会に個人別の報酬等の決定を委任し、取締役会が代表取締役に再委任して最終的な報酬等の額を決めるのが一般的とされていた。今後も同様の流れで個別の報酬等の額を決める可能性は高い。ただ決定方針を定めて開示する必要があり、決定手続きの透明性は以前に比べれば高まったといえるだろう。個別の報酬等の額を開示すべきだという案もあったが、採択されていない。今後、議論される可能性がある」（加藤氏）

「会社補償で認められるのは、取締役、会計参与、監査役、執行役または会計監査人（以下、「役員等」という）が職務の執行に関し法令に違反したことが疑われ、または責任の追及に係る請求を受けたことに要する費用など。通常要する費用を超えた部分は認められない。役員等が第三者に生じた損害を賠償する責任を負う場合の賠償金および和解金も認められる。ただ株式会社が第三者に対して損害賠償した場合に当該役員に対して損害を請求できる部分や、当該役員などが職務を行うのに悪意、重過失があったことで第三者に対して損害を賠償する責任を負う場合の損失は認められない」（池内氏）

「D&O保険の補償内容については改正法による規制がない。会社と保険会社の契約内容で決まるので、役員等は補償の範囲を確認しておくべきだ。改正法施行後にD&O保険の締結、または更新をする場合は改正法が適用される。株主総会の決議（取締役会設置会社においては取締役会の決議）、株主総会の参考書類および事業報告の記載（事業報告の記載は公開会社のみ）などの改正法への対応をすること」（池内氏）

「投資家目線になると、会社補償やD&O保険の内容を確認しておくことで、会社の姿勢を確かめられると思う。保険契約があると、万が一のときに会社の損害も限定される。投資判断の参考になるかもしれない」（加藤氏）

――【Q4】社債管理補助者制度が創設されたが、会社は同制度をどのように活用すればよいか。

「社債管理者の制度はすでにあったが、高コストなどを理由に例外規定に基づき社債管理者を定めないことが多いと指摘されていた。これにより、社債の債務不履行があった場合に各社債権者が自ら倒産手続きに参加しなければならず混乱のリスクがあった。任意ではあるが社債管理補助者制度が創設されたことで、一部の権限を委託できるようになった。銀行や信託銀行、弁護士、弁護士法人等に委託することになる」（加藤氏）

「社債管理補助者は社債管理者に比べ権限や裁量は限定的で、社債権者のため会社の破産手続きで債権の届け出をする権限、社債権者の請求などにより社債権者集会を招集する権限等にとどまる。設置は任意なので、会社は社債管理補助者を設置するか、社債市場の動向やコストパフォーマンスを考慮し対応を検討したい」（池内氏）

――【Q5】株式交付制度が創設された。これはどう活用されるのか。会社の組織再編は活性化する？

「これは、株式会社が他の株式会社を子会社化するために、当該他の株式会社の株式を譲り受け、その株式の譲渡人に対して株式の対価として当該株式会社の株式を交付する制度。予算の制約や経営戦略から完全子会社にまでする必要がない場合のM＆Aの手段として活用が期待できる」（池内氏）

「完全子会社化しない場合でも、自社株式を他の株式会社の株主に対価として交付できるようになったことは大きい。自社株式を対価として使うのでキャッシュフローが傷まず、現物出資の方法に比べて手続きが簡便化したことで、組織再編の手段が多彩になった。今後、同制度を使った事例は増えるかもしれない」（加藤氏）

（ライター・大正谷成晴）

成年年齢18歳の影響度

ひかり総合法律事務所　弁護士・高木篤夫

【ポイント】
①若年成人との契約では知識や経験不足に配慮
②2022年4月に向けて勧誘規制など改正法も
③経済的なトラブルが雇用上のリスクになる

成年年齢を20歳から18歳に引き下げることなどを内容とする「民法の一部を改正する法律」が2018年に成立した。施行予定日は22年4月1日である。施行日に18歳、19歳となっている若年者は一斉に成人となる。

２００７年の国民投票法の制定の際に、併せて少年法の適用年齢や民法の成年年齢についても引き下げるという議論があり、１５年の改正公職選挙法の附則でもこれを検討することとされていた。

民法の成年年齢に関しては、すでに法制審議会民法成年年齢部会が、１８歳への引き下げを答申していた。ただ、①若年者の自立を促す施策や消費者被害拡大のおそれを解決する施策の実現、②施策の効果などが国民に浸透すること、③施策の効果などが国民の意識として表れることという条件達成の留保が付せられていた。

１７年の内閣府消費者委員会の「成年年齢引下げ対応検討ワーキング・グループ報告書」では、成年年齢引き下げの実施には課題があり、制度整備に必要な期間を確保すべきことが指摘されていた。

民法では未成年者は制限行為能力者とされて、親権者の同意のない行為は原則として取り消せるという未成年者保護を与えている。この保護が、若年者の未熟な判断による経済的被害を抑止する役割を果たしてきていた。

そのため、法案成立に当たり、参議院では成立後2年以内に立法などの必要な措置を講ずることとして、若年成人保護に対応することを付帯決議で求めている。また、政府において法案審議と並行して「成年年齢引下げを見据えた環境整備に関する関係府省庁連絡会議」が設けられ、改正法施行までの政府の環境整備を進めていくものとしていた。

18歳で成人となれば、社会上のすべてのことで年齢の規制が外れるわけではない。社会的、精神的、身体的、経済的成熟性などの側面から、若年者は規制ないし保護されるべき対象となる部分があることは注意が必要だ。企業が影響を受ける場面としては、取引の相手方として若年成人と関わる面と、若年成人を雇用し従業員として関わる面とに分けられる。

未成年者との取引は制限行為能力者の行為として取り消しうるものとなるから、親権者の同意を得るか、事後に取り消されてもやむをえないという判断の下で契約を締結することになる。相手方が18歳以上であれば、未成年者取消権を行使される可能性はなく、これまで要求していた親権者の同意などが不要となる。

18歳、19歳の若年成人から見ると、これまでの未成年者という一律の客観的基準から認められていた取消権の行使という保護がなくなるため、具体的、個別的要件に当てはまるかどうかを具体的取引状況から検討する必要がある。民法、消費者契約法などの個別の取消権や解除権に頼ることになる。

成年年齢引き下げに伴って生じうる若年者保護の対応の1つとして、18年に消費者契約法が改正されている。この改正では事業者が勧誘に際して、個々の消費者の知識および経験を考慮したうえでの情報提供を求め（消費者契約法3条）、社会生活上の経験不足の不当な利用（不安をあおる告知、恋愛感情等に乗じた人間関係の濫用）による勧誘行為についての取消権（同法4条3項3、4号）が追加されている。現在、さらに知識・経験不足などの合理的な判断ができない事情に付け込んで締結された契約である「付け込み型の不当勧誘行為」についても取消権の付与を検討している。

若年成人（18歳から20代初めにかけての若年者）と契約する企業（事業者）には、契約の勧誘に当たって若年者の知識・経験に応じた適切な説明と契約が求められていることから（同法3条）、若年成人については、知識・経験・判断力の不足の程度に応じた勧誘・契約締結過程に配慮していくことが必要となろう。

2022年4月1日以降はどうなる?

15年かけて実現した

2007年	国民投票法で憲法改正の投票権を18歳以上とする
09年	法制審議会「民法成年年齢引き下げについての意見」(3つのハードルの留保)
15年	公職選挙法改正で選挙権を18歳以上とする
18年	成年年齢を18歳とする民法改正
	経験不足に乗じた勧誘の取消権を加え消費者契約法改正
22年4月1日	改正民法施行(この日に18歳に達していればこの日に成人となる)

トラブルを避ける方法

トラブルを避けるためには、若年成人との取引について細かく適正な勧誘・契約を行わなければならない。改正民法施行の環境整備の一環として行政処分の執行強化も掲げられており、特定商取引法、割賦販売法、貸金業法等行政処分を伴う業法の順守が求められる。

企業もコンプライアンスの不断の見直しが要請される。取引上の契約条項や利用規約では、これまでも未成年者か否かという区分をもって規律しようとする例が多かったため、年齢によって対応を区分していなければとくに見直すべき点はない。22年4月に向けまだ法改正がありうるため、各立法の勧誘規制など改正動向を具体的にフォローしていく必要はある。

雇用契約の面でも、成年年齢の引き下げが行われ、18歳以上であれば親の同意なども必要なくなる。労働基準法上の規制区分としての未成年者と年少者（18歳未満）の区分が実質的になくなる。だが、労働関係ではそれ以外に特段の変更はない。環境整備施策としては、若年者自立支援策として労働法に関する教育や周知啓発、労働条件に関する相談窓口の充実という対応が見られるが、特段の法改正は予定されていない。

ただ、若年成人が親権者の同意なくして取引ができ、金銭の借り入れについても単独でできるようになることにより、使用者としては若年成年の従業員が不合理な取引を行うことがないように教育・指導することが必要となろう。

これまでの議論では、学校教育での消費者教育の充実が求められ、消費者被害防止や取引に関する教育が試みられているが、学校教育の限られた時間の中で、若年者が十分な知識を身に付けるのは困難なのが実態であろう。

とくに18歳の高校卒業者の雇用に当たり、企業は未熟な成人であることにも配慮していかざるをえない。18歳、19歳の消費者被害の拡大が危惧されている以上、職場外で若年者が不合理な契約や借り入れによって経済的に追い込まれ、ひいては社内外で不祥事を起こすなど、雇用維持に困難を来し、若年者の離職につながりかねない事態はリスクである。

企業としては、若年成人については単に職務上の教育機会を与えるだけでは不十分であり、職場を通じて若年者を成熟した成年に育てるという役割を果たすことが社会的にも期待されている。

高木篤夫（たかぎ・あつお）
１９８７年大阪大学法学部卒業。９９年に司法試験合格。２００１年に弁護士登録、ひかり総合法律事務所に入所。ＩＴ関係、一般企業法務や労働、倒産、消費者問題など幅広く活動。

個人情報保護の規制が強化

牛島総合法律事務所　弁護士・影島広泰

【ポイント】

①個人情報利用そのものを正面から規制する
②企業は開示請求への対応方法を早めに検討
③仮名加工情報の新設は企業のチャンスに

2020年6月に成立した改正個人情報保護法が、22年春に施行される。

今回の改正は、個人情報の「利用」にメスが入る点が重要なポイントだ。従来、日本の個人情報保護では、情報の「管理」に重点が置かれていた。一般の人も、個人情報において何が不安かと聞かれれば「個人情報が漏洩しないか心配」と答えることが多いだろう。

ＩＴが発達し、企業が膨大なデータを蓄積して分析することができるようになった。これにより、個人情報が思わぬ形で利用され、本人に不利益を与える危険性が高まっている。例えば、２０年に企業の採用サイトにおいて、学生がどの企業を閲覧しているかなどの情報を分析して「内定辞退率」のスコアを算出し、企業に提供する事案が問題となった。

採用に応募した学生は、まさか自分の閲覧履歴などから内定を辞退する確率がスコア化され、これが採用活動に利用されている可能性があるなどとは思ってもいなかったであろう。このようにデータの「利用」が大きな問題となっているため、規制を強化することになったのである。

改正法では、本人が合理的に予測などできない個人データの処理が行われる場合、利用目的として、個人データの「処理の方法」などを本人が予測できる程度に特定しなければならない。

詳細は、個人情報保護委員会が公表するガイドラインで明らかになる。典型的には、データを分析して本人の行動や関心などを推測するプロファイリングを行う場合が規制対象となる。

日本では、採用のウェブページにおいて「取得した情報を採否の検討・決定のために利用いたします」といったレベルの表現で個人情報の利用目的を記載している企業が多いのではないか。

形式的な判断では不十分

改正法の下では、仮に行動履歴などを分析した結果も採用活動に利用するのであれば、「履歴書や面接で得た情報に加え、行動履歴などの情報を分析し、当該分析結果を採否の検討・決定のために利用いたします」と特定しなければならない。どのような情報をインプットし、どのように分析して利用するかを本人に通知・公表しなければならない。

■ 処理の方法を特定し情報を利用

履歴書や面接で得た情報のみならず、（本人が分析されることを想定していない）行動履歴などの情報を分析し、人事採用に活用するケース

これまでの典型例	取得した情報を採否の検討・決定のために利用いたします
改正法の下の利用目的	履歴書や面接で得た情報に加え、行動履歴などの情報を分析し、当該分析結果を採否の検討・決定のために利用いたします

DMP（Data Management Platform）をマーケティングに利用する企業が増えている。その際にも「処理の方法」の特定が問題となるが、この点は後述する。

個人情報の利用そのものについては、正面から規制が導入される。今回の改正法では、「違法又は不当な行為を助長し、又は誘発するおそれがある方法により個人情報を利用してはならない」とされるのである。

これは、官報で公告された破産者の氏名・住所をグーグルマップにまとめて公表するなどした「破産者マップ」の事件を踏まえた規制である。したがって、一般的な企業活動を萎縮させることがないようにガイドラインなどで例示していくとされているが、法律はひとたび条文化されるとその条文が独り歩きしていくものである。

これまで、事業部門から新たな個人情報の利用の相談があると、法務・コンプライアンス部門は、その利用がプライバシーポリシーに記載されている利用目的の範囲内か否かを判断していた。

今後は、そのような形式的な判断では足りず、その利用が違法または不当な行為を助長したり誘発したりするおそれがないかという実質的な判断をする必要がある。

Cookie（クッキー）という言葉をよく耳にする。ブラウザーに保存されるテキスト形式の情報のことであり、顧客ＩＤなどを保存しておくのに使われる。

例えば、われわれがショッピングサイトに会員登録すると、次にアクセスした際に、ＩＤとパスワードを入力しなくてもログインできるようになっている。それが可能なのは、最初に会員登録した際に、ブラウザーに Cookie として顧客ＩＤが保存されていて、次にアクセスしたときにサーバーがその Cookie にアクセスして顧客ＩＤを読み出しているからである。

Cookie や、それに類似する技術を利用して、個人のプロファイリングを行うのがＤＭＰである。

■ **閲覧履歴はこうして取引される（閲覧履歴分析結果の提供）**

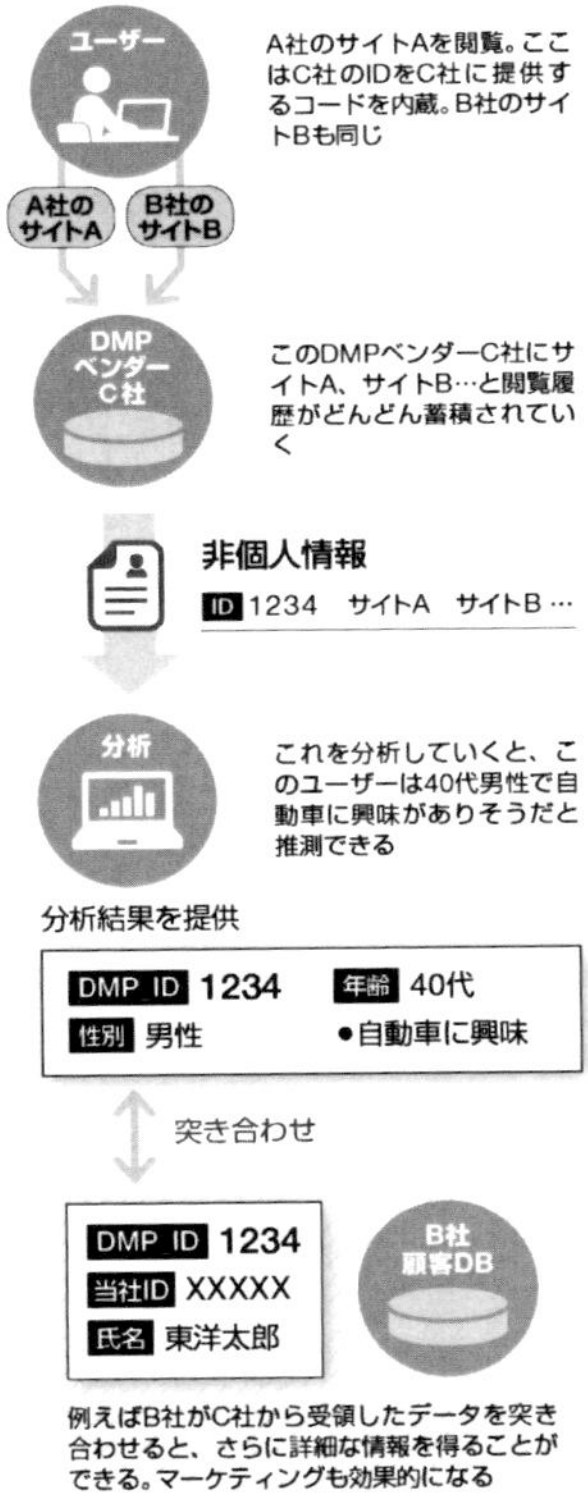
ユーザー
A社のサイトAを閲覧。ここはC社のIDをC社に提供するコードを内蔵。B社のサイトBも同じ
A社のサイトA
B社のサイトB
DMPベンダーC社
このDMPベンダーC社にサイトA、サイトB…と閲覧履歴がどんどん蓄積されていく
非個人情報
ID 1234　サイトA　サイトB …
分析
これを分析していくと、このユーザーは40代男性で自動車に興味がありそうだと推測できる
分析結果を提供
DMP ID 1234　年齢 40代
性別 男性　●自動車に興味
突き合わせ
DMP ID 1234
当社ID XXXXX
氏名 東洋太郎
B社顧客DB
例えばB社がC社から受領したデータを突き合わせると、さらに詳細な情報を得ることができる。マーケティングも効果的になる

例えば、A社があるDMPベンダー・C社と契約しており、「東洋太郎氏」がA社のサイトAを閲覧したとする。サイトAには、Cookieに保存されているC社のIDをC社に提供するコードが組み込まれている。

東洋太郎氏のブラウザーのCookieにC社のIDが保存されていなければ、C社がCookieに新しいIDを保存し、すでにIDが保存されていれば、C社はそのID（DMP_ID＝1234）を読み出す。

次に、東洋太郎氏がサイトBを閲覧した際、B社もC社と契約していると、サイトBもDMP_ID＝1234をC社に送信する。すると、C社においては、Cookieに1234というIDを保存したブラウザーについて、サイトAを閲覧し、サイトBを閲覧し…と閲覧履歴が蓄積されていく。これを分析していけば、例えば、このユーザーは40代男性で自動車に興味がありそうだと推測できる。これがプロファイリングだ。

B社が、この情報をC社から購入したとする。サイトBが会員制であれば、B社の顧客データベースには、当該ユーザーが東洋太郎氏であるという情報が保存されているほか、東洋太郎氏がC社に提供したDMP_IDが１２３４であるというデータも保存できている。

したがってB社は、C社から受領したデータをDMP_ID＝1234で突き合わせれば、自社の顧客である東洋太郎氏が、実は４０代男性で自動車に興味があるとわかる。こうして効果的なマーケティングを行えるようにするのだ。

このケースを法的に分析すると、データを提供したC社における情報は、DMP_ID＝1234を付与したブラウザーを使っているユーザーの情報にすぎず、特定の個人を識別できるものではない。C社にとっては個人情報ではない。

ところが、提供先のB社においては、この情報を個人情報として取り扱っている。こうして提供先において個人情報である場合であっても、提供元において個人情報（個人データ）ではない以上は、提供元において本人の同意は必要ないと解釈されてきた。

ここで新たに登場するのが、改正法の「個人関連情報」である。個人関連情報とは、生存する個人に関する情報であって、個人情報でも、匿名加工情報でも、仮名加工情報でもないものをいう。DMP_IDが１２３４のユーザーが４０代男性で自動車に興味があるという情報は、まさに個人関連情報だ。

改正法の下では、個人関連情報を取得し個人情報として利用するB社は、本人から同意を得なければならない（C社には、B社が同意を得ていることを確認する義務がある）。

ここでの同意は、「明示」の同意でなければならないとされる見込みだ。本人が拒否しない限り同意しているものと見なす、とすることはできない。また、B社においては、閲覧履歴などからプロファイリングを行ってマーケティングをすることになるから、「処理の方法」を本人に通知する必要もある。

結果として、B社においては「当社は、第三者が運営するデータ・マネジメント・プラットフォームからCookieにより収集されたウェブの閲覧履歴およびその分析結果を取得し、これをお客様の個人データと結び付けたうえで、広告配信などの目的で利用いたします」と表示したうえで、「同意する」のボタンを押下させる必要があることになる。施行まで残り約1年であるから、早めの対応が必要となる。

■ 情報取得に同意してもらう

**明示の同意と
認められる例**

当社は、第三者が運営するデータ・マネジメント・プラットフォームからCookieにより収集されたウェブの閲覧履歴およびその分析結果を取得し、これをお客様の個人データと結び付けたうえで、広告配信などの目的で利用いたします。

上記の取り扱いに同意する

**明示の同意と
認められない例**

個人関連情報の第三者提供を拒否する場合には、以下のボタンをクリックしてください。

拒否する

開示請求の対応策を急げ

個人情報保護法では、本人は個人データの開示請求ができる。その際の開示は、現行法では原則として書面で行うことになっているが、改正法では本人が請求した方法で開示することになる。つまり、本人が「貴社が保有する私の個人データをすべてデータで開示してください」と請求すれば、データで開示する必要がある。

また、現行法では、事業者が個人情報保護法に違反しているときには、本人は個人データの利用停止や消去などの請求ができる。逆にいえば、事業者が個人情報保護法を順守している限り、利用停止などの請求はできない。

改正法では、利用する必要がなくなった場合、個人データが漏洩などした場合、その他本人の権利または正当な利益が害されるおそれがある場合には、利用停止などの請求ができるようになる。

大量のデータを保有しているＩＴ系の企業などは、開示や利用停止といった請求への対応方法を早めに検討する必要があるだろう。

企業にとって前向きな改正としては、「仮名加工情報」が新設される。これは、個人情報から、①氏名など、②個人識別符号（生体認証の情報やマイナンバーなど）、③クレジットカード番号や銀行口座番号などを削除した情報である。

仮名加工情報に加工しておけば、加工前の個人情報の利用目的とはまったく別の目的で利用することができるから、データの分析などが自由にできるようになる。また、本人からの開示や利用停止などの請求の対象にもならない。

現行法にある「匿名加工情報」は、特異なデータを削除しなければならないなど加工の基準が難しく、利用に躊躇している企業が多かったが、仮名加工情報の場合は加工方法が明確である。第三者提供はできないが、社内でのデータの利活用に大いに役に立つと思われる。

そのほか、①漏洩時の個人情報保護委員会への報告と本人への通知が義務となる点、②外国への個人データの提供について同意を得る際に、その外国の個人情報保護制度を説明する義務ができる点、③従業者が個人データを社内から盗むようなケースで法人の罰金が50万円以下から1億円以下に引き上げられた点なども重要な改正である。

影島広泰（かげしま・ひろやす）
１９９８年一橋大学法学部卒業。２００３年弁護士登録、牛島総合法律事務所入所。情報システム関連の訴訟・紛争解決、個人情報の取り扱いなどに携わる。『改正個人情報保護法と企業実務』など著書多数。

職場の法律問題

思わぬトラブルはこうして解決せよ！

経営共創基盤（ＩＧＰＩ）ディレクター・宮下和昌

【鉄則】

①取っていいリスクかどうかを判断

②法務担当者の思考の型を理解せよ

③法務部門を仕事の作戦参謀に

仕事をする中で、法律上の問題に直面する機会は少なくない。その際にまず頼る先が、社内の法務部門だ。このとき、ビジネス現場にいる側から何を尋ね、法務部にはどのような仕事をしてもらえばよいか。そのポイントを押さえよう。

法務部の機能は「予防系」と「臨床系」に大別される。予防系とは、事前の法律相談や契約書審査といった、問題発生を未然に防ぐための機能だ。これに対し、臨床系とは、事後対応機能。訴訟対応といった紛争の有利解決機能がこれに該当する。

まずは、予防系について。実は、「この案件、リスクはありますか?」というのは愚問だ。リスクのない施策などない。いってみれば、明日、隕石が降ってくる可能性だってリスクなのだ。この聞き方では、有益な回答は望めない。

リスク算定の公式

聞くべきは、「これはどの程度のリスクか、そしてそれは踏めるリスクかどうか、踏めない場合の代案は何か?」だ。ここでリスクを算定する際の前提として、「法的リスク＝影響の大きさ×発生確率×ダメージコントロールの失敗可能性」という公式を覚えておきたい。リスクは多くの要素の掛け合わせで、濃淡もある。

その濃度と施策のメリットとを比較考量して実行するか否かを決めるのはビジネス

部門の役目で、その作戦参謀が法務部だ。よって、法務部からは、ある施策に対して質の高い判断をするための材料、すなわち「リスクの可視化」と「対案」を引き出すことが重要なのだ。

リスクの可視化に当たっては、「他社事例はどうなっているのか」「検挙例が実際にあるのか」など具体例を聞く。「厳密には法に触れる」ことと、実際に検挙されるのかどうかには、意外と大きな隔たりがある。また究極的には、そのリスクが最悪、金で解決できるものであるかという点も重要だ。

そのうえで、このビジネスはやらないほうがいいと法務部に言われたらどうするか。そこで終わりにはせず、「一緒に対案を考えてください」と求めてほしい。これは、社内に強い法務部を育てることにもつながる。法的にダメだ、と言うのは簡単だが、対案まで考えられて初めて、企業価値向上を担う作戦参謀としての法務部といえるのだ。

なお、法務担当者や弁護士は、担っている職責上、記録が残るものについては保守的な回答をせざるをえない。書面やメールでの保守的な回答を額面どおりに受け止めてしまうのは、仕事の仕方としてはいま一つ。本当のリスク感を知りたければ、記録に残るものとは別に、あえて口頭で「実際のところ、どんな感じですか」などと聞いてみるのもいいだろう。

臨床系の案件を相談する際は、すでに起こったことをわかりやすく伝える必要がある。法務部に相談する前に、事前準備として「関係図」と「時系列表」を作成し、事実関係を整理しておきたい。

「関係図」とは、事案の登場人物（法的主体）をプロットし、これらを線でつなげて、誰が誰に対して何をしたのかを一覧化したものだ。「時系列表」とは事実関係を時系列で整理したもので、これを作ることによって事実関係の抜け・漏れや関係者の主張の矛盾を明らかにできる。

法務部門の役割をビジネスにブレーキをかけることのみと捉えているなら、間違いだ。それは法務部門の使い方を誤っている。法務部門をビジネスの作戦参謀として使いこなす力、それもビジネスパーソンに求められる重要な能力なのだ。


（構成・山本舞衣）

【改正民法】Q&A　責任追及手段が多彩に

契約不適合責任への改正で何が変わったか?

涼風法律事務所　弁護士・熊谷則一

【ポイント】

①売り主が責任を負う契約不適合責任に
②債務不履行責任を基本に考えられた
③売り主への責任追及の方法が4つになった

改正民法では「瑕疵(かし)担保責任」という表現が消えた。旧民法では、売買の目的物に「隠れた瑕疵」がある場合の売り主の責任(瑕疵担保責任)が規定されていたが、改正後は売買の目的物が種類、品質または数量に関して契約の内容に適合しない「契約不適合」があった場合の売り主の責任が規定された。

【Q1】「契約不適合責任」とはどのような責任?

売買契約を締結した売り主は、売買契約の目的物を買い主に引き渡さなければならない。売買契約の目的物の種類、品質または数量については、売買契約の中で、売り主と買い主とで合意しているはずであり、売り主は、その合意内容に適合した目的物を買い主に引き渡さなければならない。したがって、引き渡された目的物が種類、品質または数量に関して契約の内容に適合しないものであるときは、売り主は買い主に対して一定の責任を取らなければならない(民法562条1項本文)。「契約の内容に適合しないもの」を売り主が買い主に引き渡した場合の責任なので、これを改正民法では、一般に「契約不適合責任」という。

居住用の建物を例に考えてみよう。居住用の建物の売買では、売り主と買い主とは、通常は、当該建物が雨漏りをしない品質であることを共通認識として契約の内容に含め、売買契約を締結する。したがって、もし当該建物に雨漏りがあれば、引き渡された目的物は品質に関して契約の内容に適合しないことになる。この場合、買い主は売り主に対して契約不適合責任を追及することができる。

――【Q2】改正前の「瑕疵」と「契約不適合」とはどのような関係にあるのか。

改正前は、売買の目的物に隠れた瑕疵があった場合には買い主は売り主に対して「瑕疵担保責任」を追及することができると定められていた。ただ「瑕疵」の定義はなく、売買の目的物が「通常有すべき性質・性能を備えていない」ことが瑕疵であると「解釈」されていた。さらに、「通常有すべき性質・性能」は、契約当事者の合意によって決定されるというのが判例の考え方であった。

例えば、契約の当事者間で「通常有すべき性質・性能」についての明示的な合意があれば、その合意から外れたものは「瑕疵」に該当する。ただ、それだけではなく、実際の生活やビジネスでは、「契約の趣旨」や「社会通念」、「取引観念」といった黙示的な合意も含めて「通常有すべき性質・性能」の合意があり、ここから外れたものも「瑕疵」に該当する。

このように「瑕疵」と表現しても、その内容は解釈が必要であり、わかりにくい。そこで、「当事者の明示的な合意と黙示的な合意」というのは「契約の内容」そのものであるので、改正民法では、「瑕疵」という表現をやめて、端的に、引き渡した目的物が「売買契約の内容に適合しないもの」である場合には、買い主は売り主に対して責任を追及することができるという表現、すなわち、「契約不適合責任」に変更した。

従来の「瑕疵」の考え方を「契約の内容に適合しない」という表現に変えたものが改正民法なので、改正前は瑕疵に該当しなかった不具合が改正後に契約不適合に該当するということはない。

――【Q3】契約不適合責任の具体的な内容は?

契約不適合責任は、売り主が「契約の内容に適合しないもの」を引き渡した場合の責任なので、債務不履行責任の1つである。したがって、契約不適合責任の内容も、債務不履行責任をベースにして考えられている。

第1が「履行の追完（ついかん）請求」である。つまり、売り主が引き渡した目的物が契約の内容に適合しないので、買い主は売り主に対して、「契約の内容どおりのものを履行してくれ」と請求することができる。具体的には修補を請求したり、代替物を請求したりという形で、買い主は履行の追完を請求することができる。

第2に、買い主が履行の追完請求を行っても売り主がそれに応じない場合、引き渡された目的物は契約不適合な状態のままであるので、買い主は売り主に対して「代金を減額してくれ」というような代金減額請求ができる。また、契約不適合である場合というのは債務不履行である場合でもあるので、買い主は、「一般的な債務不履行である場合と同じ要件で」売買契約を解除することもできる。

さらに、契約不適合である場合というのは債務の本旨に従った履行をしない場合でもあるので、買い主は、「債務不履行である場合と同じ要件で」売り主に対して損害賠償請求をすることができる。

買い主は、契約不適合責任について、売り主に対して「履行の追完請求」「代金減額請求」「契約の解除」「損害賠償請求」の4本立てで追及することができる。

なお、改正前の瑕疵担保責任では、買い主が追及することができたのは、「契約の解除」と「損害賠償請求」の2本立てだった。

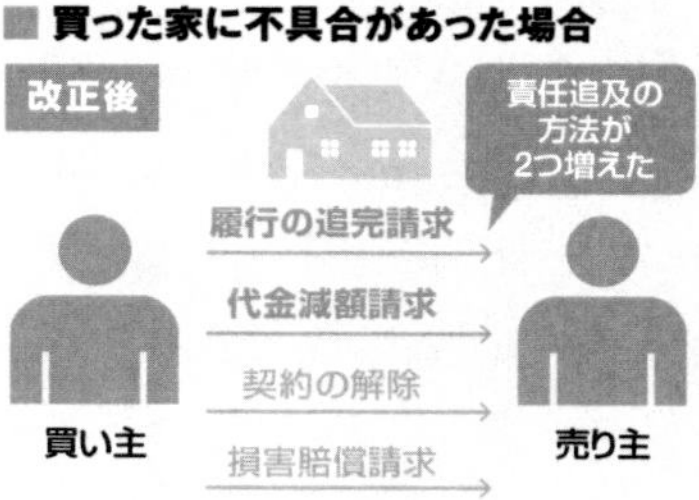

(出所)筆者資料を基に東洋経済作成

改正前は売買の目的物に「隠れた瑕疵」があれば、買い主は売り主の瑕疵担保責任を追及できた。改正後は売買の目的物に「種類、品質または数量に関して契約の内容に適合しないもの」があれば、売り主の契約不適合責任を追及できる

――【Q4】契約解除と損害賠償請求は、瑕疵担保責任でも契約不適合責任でも認められているが、同じ責任が認められるのか。

瑕疵担保責任に基づく契約の解除は、瑕疵があることによって、買い主が契約の目的を達成できない場合に限定されていた。しかし、契約不適合責任としての契約の解除は、一般の債務不履行と同じ要件で契約を解除できる。したがって、契約の目的を達成できないとまではいえない場合であっても、買い主が相当の期間を定めて催告し、売り主がそれに応じない場合には、契約を解除することができるようになった。契約不適合責任では、契約の解除がなされることが増えるかもしれない。

また、瑕疵担保責任の損害賠償責任は、売り主が無過失であっても認められていた。しかし、契約不適合の損害賠償責任は、売り主に過失がなければ認められない。他方、例えば、居住用の建物の不具合で雨漏りがあった場合、瑕疵担保責任では、損害賠償の範囲は不具合があって建物の価値が減少していた分が認められていた。これが契約不適合責任では、建物の価値減少分に加えて、契約不適合と相当な因果関係にある損害、例えば、雨漏りで水浸しになって壊れた家電製品の損害賠償も認められるようになるかもしれない。

熊谷則一（くまがい・のりかず）

１９６４年生まれ。旧建設省勤務を経て、９４年弁護士登録。２００７年涼風法律事務所を設立。『３時間でわかる！　図解　民法改正』など著書多数。

当面は3%に

法定利率　交通事故の損害賠償に影響

元弁護士・ライター　福谷陽子

【ポイント】
①年率5%だったが変動制に移行
②当面は3%で3年ごとに改定

「法定利率」が見直された。法定利率とは、法律の定める原則的な利率。遅延損害金計算などに影響を及ぼす可能性があるので、ぜひとも押さえておきたい。

法定利率が適用される主な例は以下のような場合である。

①利息付きの金銭消費貸借契約で利率を定めていなかった場合、②貸付金の返済を

延滞されたので支払いを求めるときの遅延損害金（ただし契約で遅延損害金の利率を定めていなかった場合）、③家賃を滞納されたので未払い家賃を請求するときの遅延損害金、④交通事故の損害賠償を訴訟で行う場合の遅延損害金、⑤交通事故で逸失利益（将来得られるはずだった収入を後遺障害や死亡によって得られなくなった際の損害金）を計算するとき。

契約で利息や遅延損害金利率を定めていなかった場合に法定利率が適用されると考えるとよい。

旧民法で法定利率は「年率5％」とされていた。つまり「1年に5％の利息がつく」ということである。商取引によって発生した債権に関する法定利率はさらに高い「年率6％」とされていた。しかし現代社会では超低金利時代が続いている。年率5％や6％もの利息がつくとは考えにくい。

旧民法では年率5％の固定だが、改正民法における法定利率は「変動制」とされた。そもそも年率5％という非現実的な法定利率となっていたのは、民法制定時の情勢を基に利率を固定してしまったためだ。そこで、そのときの社会情勢に応じた利率にするため、改正民法では法定利率を「3年ごとに見直す」制度とした。

２０２０年4月1日からの当面の法定利率は3％。したがって、２０年4月1日から２３年3月31日までの間は法定利率が3％となり、その後は各時点の情勢に応じて変更される可能性がある。

なお「利息が発生する契約」において当事者が利率を定めなかった場合には、「当初に利息が発生した時点における利率」が利率改定後も適用され続ける。改定のたびに利率が変わると当事者が混乱してしまうことに配慮している。

当事者間の合意は？

法改正によって法定利率が変更されたが、当事者同士で利率や遅延損害金の割合を決めることは今でも可能である。自分たちで取り決めをすると、民法の規定よりも優先して適用される。例えばお金を貸し付けるとき、利率を年率10％としたり、遅延損害金の割合を15％としたりしても構わない。

実際、クレジットカードのキャッシングや消費者金融などの場合、法定利率より高い利息が適用される。一方で住宅ローンの場合、法定利率より低くなるのが通常だ（2 1年2月時点）。法定利率は3年ごとに改定されるし、調べるのも面倒だから、金銭貸し付けなどの契約をするときには自分たちで約定利率を定めておくとよい。

法定利率の見直しは、交通事故の損害賠償に影響する。被害者が受け取れるはずだった「逸失利益」の計算に影響を与えるからだ。法定利率が下がると、控除される金額が少額になり、そのため、以前より多くの逸失利益を受け取れる可能性がある。

福谷陽子（ふくたに・ようこ）

京都大学法学部卒業。１０年間の弁護士としての経験を生かし、各法律分野において執筆を行う。会社経営や借金問題、交通事故などさまざまな案件を経験。

「みなし合意」が可能に

定型約款　定型取引に適用される新ルール

【ポイント】
①不特定多数が相手の画一的な取引に適用
②内容開示を請求されたときは書面などで対応

改正民法では「定型約款」という制度が新たに導入された。定型約款を使うとスムーズに取引を進められるメリットがある。幅広い業種や契約で適用されるが、すべての取引に適用できるわけではない。定型約款とはどういったもので、どんなシーンに適用できるのか。

定型約款とは、一定の条件を満たす「定型取引」に適用できる画一的なルールである。定型取引に該当するには以下の条件を満たさなければならない。

まずは不特定多数の人を相手にする取引であることだ。例えば、電気、ガスの供給契約などの場合、不特定多数が相手であり、相手の個性などは問題にならないので、適用が可能となる。逆に不特定多数が相手ではなく、相手の個性に着目する労働契約などには適用できないことになる。

次に取引内容の全部または一部を画一的に扱うことが当事者双方にとって合理的であることだ。例えば、水道光熱費の契約内容について、いちいち個別に取り決めると業者側にも顧客側にとっても不便となる。こういったケースでは「画一的な取り扱いが合理的」といえ、定型約款が適用できる。

■定型約款になるものは？

契約の種類	定型約款を導入できるか？	契約の性質
金融機関の預金規定、投資信託の約款 インターネットサイト利用規約 保険約款 旅行や宿泊業の約款 水道光熱費の契約約款 電話、インターネット通信料の約款	○	画一的な契約で、ユーザーと業者の双方にとって個別の同意を要しないほうが便利
労働契約 事業者間の契約 フランチャイズ契約 賃貸借契約	×	画一的に内容を定められない。個別のケースごとに条件設定が必要

定型約款導入の理由

このほか、インターネット通信契約、保険約款などの画一的な契約では、当事者同士が個別に契約書を交わすと余計な手間がかかってしまう。たとえ画一的な約款であっても、ユーザーに不利益が及ぶ可能性は低い。

実は法改正以前も、約款を用いた取引が行われる例は多々あったが、実はそこに明確な法的根拠があったわけではなかった。そこで今回の民法改正では、約款によって、契約関係を取り決めるルールが新たに制定された。それが定型約款なのである。

定型約款が適用される例は先の表のとおりだが、そのほかにも宅配便契約の運送約款、消費者ローン契約、ソフトウェア購入時の利用規約など、さまざまな契約で適用されることになる。

定型約款が有効となるためには、①当事者双方が定型約款を契約内容とする合意をした、②定型約款を準備した者があらかじめ定型約款を契約内容とすることを相手方へ表示していた、という2つの要件を満たす必要がある。

要件を満たし、いったん定型約款として有効になると、以下のような効果が発生する。

ユーザーが細かい内容について個別に認識していなくても合意したと見なされ、「みなし合意」となるのである。ただしユーザーの利益を一方的に害する内容には効果が認められない。

一方、ユーザーにとって不利益な内容ではなく、変更に合理性があれば、約款の提供者の判断によって、ユーザーの合意なしに内容を変更できる。

また、ユーザーが定型約款の内容を開示するよう求めた場合、提供者は書面やメールなどの方法で対応しなければならない。提供者が開示しない場合、ユーザーは損害賠償請求や契約解除を行える可能性があるので、提供者は十分に注意することが必要だ。

（元弁護士・ライター　福谷陽子）

短期消滅時効の廃止　債権回収を5年に統一

【ポイント】
①飲食店や弁護士なども時効期間は5年に
②商行為の短期消滅時効も廃止される
③内容証明郵便や訴訟で時効を止めることも

民法の大改正の中で、とくに注目すべきものが「短期消滅時効の廃止」である。この改正により、お金の貸し借りや売掛金請求、残業代請求などに大きな影響の及ぶ可能性があるので、ビジネスパーソンはぜひ知っておくべきだ。

「短期消滅時効」とは、特定の種類の債権の時効期間を原則的な時効期間より短くする制度のことをいう。旧民法では、債権の「種類」によって時効期間が異なっていた。

旧民法における原則的な時効期間は１０年である。例えば個人間で借金した場合などには１０年の時効期間が適用されていた。

短期消滅時効では、以下のような業種、種類の債権が1年の短期で時効により消滅した。飲食店、ホテル、大工や左官、演芸人の報酬、貸衣装など動産の損料など。

2年の短期消滅時効は弁護士や公証人の報酬、生産者、卸売商人などの債権のほか、製造人、居職人の債権、学芸や技能教育者の教育費用、衣食代や寄宿代などもある。

3年の短期消滅時効は、医師や助産師、薬剤師の債権などである。商取引に基づく債権については、時効期間が5年とされていた。

■職業別の短期消滅時効は廃止

改正前

債権の種類ごとに時効期間が決まっていた	
原則は1年	
●飲食店やホテル、運送費などは1年 ●弁護士や公証人、卸売商人、教育に関する債権は2年 ●医師や助産師、薬剤師、不法行為に基づく損害賠償請求権は3年	
不法行為に基づく損害賠償請求権	「損害と加害者を知ったとき」から3年。不法行為時から20年
給与債権	請求できるときから2年

↓

改正後

債権の種類による時効期間を撤廃	
原則的にすべて同じ取り扱い	
❶債権者が「債権を行使できる」と知ったときから5年 ❷客観的に権利行使が可能となったときから10年	
生命・身体の侵害に対する損害賠償請求権	「損害と加害者を知ったとき」から5年。不法行為時から20年
それ以外の損害賠償請求権	「損害と加害者を知ったとき」から3年。不法行為時から20年
給与債権	請求できるときから「当面は3年」

時代の変化に合わせ統一

しかし、改正民法では、短期消滅時効が廃止され、統一的な時効期間が設定された。旧民法が制定された頃とは時代が大きく変化し、債権の種類ごとに異なる短期消滅時効が現代の取引や感覚になじまなくなったからだ。

新しい民法における時効期間は以下のとおりだ。

債権者が請求できることを知ってから5年、請求できる状態になってから10年。債権者が債権の発生や履行時期の到来を認識し「請求できる」と知ったら、その後5年で消滅する。これを「主観的起算点」と呼ぶ。

債権者がそういった事情を知らなくても、債権を請求できるときから10年が経過すると、時効が成立する。これを「客観的起算点」という。

職業別の短期消滅時効だけではなく、「商事時効」制度も廃止され、基本的にすべての債権の時効期間が統一された（商事時効とは、営業行為などの商行為に基づく債権の時効を5年間に短縮する制度である)。

民法改正により、「不法行為に基づく損害賠償請求権」の時効も変更された。

不法行為に基づく損害賠償請求とは、相手方から故意や過失で損害を与えられたときに加害者へ賠償金を請求することである。典型的な不法行為は交通事故や傷害事件などだ。

旧民法では、不法行為に基づく損害賠償請求権の時効は、①損害および加害者を知ったときから3年、②不法行為時から20年(除斥期間)とされていた。

改正民法では、不法行為の種類によって以下のように分類された。①人の生命や身体を害する不法行為の損害賠償請求権の時効は「損害および加害者を知ったとき」から5年、②それ以外の損害賠償請求権は「損害および加害者を知ったとき」から3年、③不法行為時から20年。

このように改正民法では「生命および身体に対する不法行為」の場合に時効期間が延長された。生命や身体に対する侵害は重大なので、被害者への保護を手厚くする必要があるためだ。

例えば身近な例では「人身事故」の場合にこの規定が適用される。人身事故に遭った場合には基本的に5年間、相手や保険会社への損害賠償請求が可能となる。一方、物損事故の場合には時効期間が3年なので注意が必要だ。

今回の法改正により未払い残業代などの「給与債権」についても時効期間が変更された。

実は給与債権の時効に対しては、民法ではなく「労働基準法」における規定が適用される。旧民法では賃金債権の時効が1年となっており、それではあまりに労働者の保護に欠けると判断されたからである。

ところが今回民法が改正されて全債権の時効が5年となったので、労働基準法も新民法の施行に合わせて改正され、時効期間が変更されたのだ。

これまでの労働基準法では、給与債権の時効期間は「請求できるときから2年」とされていたが、改正法では「3年」になっている。本来は労働基準法も新民法に合わせて「5年」とすべきであるが、民法の定める基本原則である「5年」ではなく「3年」となっている。これは、急に2年から5年に延ばすと企業への影響が大きくなりすぎることに配慮したためである。

ただし今後は改正民法の内容に合わせて5年へと延長される予定である。残業代を払ってもらえていない場合、2020年4月1日以降に発生したものであれば3年以内に請求しなければならない。2020年3月31日以前の残業代であれば、2年以内に請求しないと受け取れなくなるので、早めに対応するのがよい。

時効成立を止める方法

改正民法はすでに施行されているので、これから発生する債権については基本的に改正法が適用されることになる。

ただし、改正法の施行前に発生した債権については旧民法が適用されるので注意が必要だ。

これを法律の「経過措置」と呼ぶ。2020年4月1日になったからといって、急にそれ以前の債権にまで新民法を適用すると、混乱が生じてしまう。そこで経過措置が設けられ、それ以前の債権には旧民法が適用されるとしたのだ。

２０年３月３０日にホテルに宿泊する契約をしていたら、その宿泊料の時効期間は1年となる。２０年２月２０日に病院で受診した人が診療報酬を払わなかった場合、その時効期間は3年となる。

２０年4月1日より前に発生した債権については早めに請求しないと受け取れなくなってしまう可能性が高いので、くれぐれも注意が必要だ。

時効が成立しそうな場合には、止める方法がいくつかある。まずは相手に内容証明郵便などで請求すると、時効の成立を6カ月間延ばせる。その間に裁判を起こせば、確定的に時効を止められる。

内容証明郵便を送らなくても、裁判で請求したり相手に債務を認めさせたりすると、時効を「更新」して時効期間を当初に巻き戻せる。判決が確定した場合には、時効期間が１０年間延長される。

例えば、残業代や貸付金などの支払いを受けられない場合には、内容証明郵便で請求したり、訴訟を起こしたりして、時効を止める措置を取ると有効だ。

（元弁護士・ライター　福谷陽子）

改正版契約書の導入を急げ

ＫＯＷＡ法律事務所　弁護士・池田　聡

【ポイント】
①起算点は発注者が不適合を知った時
②単純変換した契約書では民法が適用される
③モデル契約書の改正版がいずれ浸透していく

民法改正によって、瑕疵担保責任が契約不適合責任に変更になったことは、とくにＩＴ業界には大きな影響を与えている。

システム開発の契約書には公的なバイブルがある。経済産業省が作っている「モデル契約書」である。

2019年12月にこの「モデル契約書」の民法改正版が公表されたが、契約条項について、従前と比べ大幅な変更があったのは、契約不適合責任だけである。もっとも、瑕疵担保責任から契約不適合責任に変更になり、責任の本質が変更されたわけではない。

IT業界における請負を考えた場合、「瑕疵」と「契約不適合」には、大きな違いはない。なお、契約不適合として発注者が受注者に請求できるのは、①修補（履行の追完請求）、②代金減額、③損害賠償、④契約の解除である。気をつけないといけないのは、責任の名前が変わった点ではなく、責任期間制限の起算点の変更である。

改正前の瑕疵担保責任では、売買の買い主が「瑕疵の事実を知った時」から1年以内に請求し、請負の場合は目的物の「引き渡し」から1年以内に請求しなければならなかった。それが改正法の契約不適合責任では、売買・請負とも、「不適合を知った時」から1年以内に相手方に通知することが要件となった。売買と請負で期間制限を異にする理由はないというのが改正理由である。

民法の条文に従えば、改正の影響は極めて大きい。どちらも「1年」であるが、起算点が「引き渡し」と「不適合を知った時」では、大きく異なるからである。システムのリリース後、数年経ってから開発段階における潜在不良が発覚するのはよくあることだ。それが、改正前の民法では瑕疵担保責任の対象にはならなかったが、改正法では契約不適合責任の対象となる。民法をそのまま適用すると、ベンダーが責任を負う期間が法改正によりかなり長くなる。

「知った時から1年以内に通知」であれば、「知った時」がかなり先、例えばリリースから20年後でも契約不適合責任を問えるのか？と疑問も生じるが、それはできない。なぜなら、「権利を行使することができる時から10年間行使しないとき」、権利が時効により消滅してしまうからだ。

しかし、瑕疵担保責任や契約不適合責任の規定は任意規定である。民法などの私法は、任意規定と強行規定に分かれる。任意規定とは、民法の規定と異なる契約をした場合、法律よりも契約が優先される規定である。したがって、改正民法の規定と異なる契約不適合責任の期間を契約書で定めれば、それが適用されることとなる。

では、改正民法の施行から1年が経過した現在、実際の契約書はどのようになっているのか。

多くの契約書は、従前の瑕疵担保の文言を契約不適合に置き換えただけのものである。責任を問うには、検収合格時を引き渡しとし、「検収から1年以内」に受注者への通知を要するとするものが過半である。ただ、筆者は「契約不適合を知った時から2年以内に通知」すれば契約不適合責任を問えるとする契約書を見たこともある。

なぜ今も多くの契約書は改正前と同様、「検収（引き渡し）から1年以内に通知」を契約不適合責任追及の要件にしているのか。その原因として、①「知ってから1年」では長すぎるとの意識、②コロナ下の施行で十分検討できていない、の2点が考えられる。

売買の場合の責任期間は改正前から「知ってから1年」であるが、商人間の売買には検査後6カ月以内でなければ契約不適合責任を問えないという特則があり、商取引では責任期間が長期化しないように立法されている。しかし、請負ではこのような規定がないから、契約書で責任期間を限定すべきだとの意識はよくわかる。

■ **多くの契約書はまだ対応できていない**
—改正法と契約書の関係—

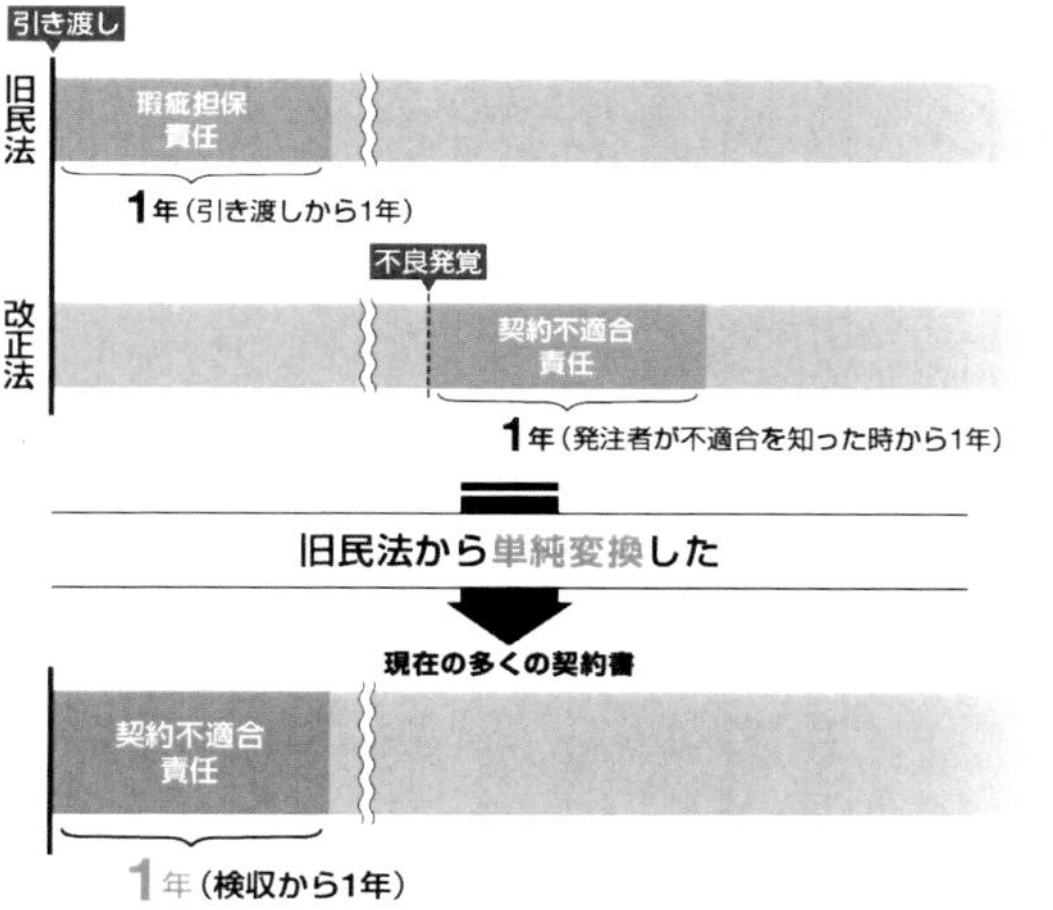

多くの契約書は瑕疵担保の文言を契約不適合に単純に置き換えただけのもので、後でトラブルにつながりかねない。

事情に応じ妥当な期間を

それにしても、拙速に瑕疵担保責任から契約不適合責任に言葉を置き換えただけの考慮不足の契約書は多い。改正前は、検収から1年であれば民法の規定とほぼ同じなので問題なかったが、それを単純変換した結果、修補のみ「検収から1年」と規定しているように読める契約書を多く見る。その場合、損害賠償は契約による期間制限がなくなり、民法の規定により「知ってから1年」となる。

一口にシステムといっても、その用途、規模、稼働環境はさまざまであり、十把ひとからげに責任期間を論じるのはナンセンスである。「モデル契約書」の民法改正版では、契約書の契約不適合責任の権利行使期間は検収基準を原則としたうえで、ケースに応じていくつもの選択肢がある。その解説では、ユーザーが求める稼働期間、開発環境、要員維持コスト、保守契約などの事情はそれぞれ異なり、それらの事情に応じた妥当な期間とすべきだとする。

この考えに従えば今までのように金太郎あめ式に「検収合格から1年」とするので

はなく、発注者と受注者とで契約ごとにひざを突き合わせ、開発するシステムの事情を共有化したうえで、期間制限について議論していくこととなる。

具体的には、モデル契約書の選択的な条項にあるように、①「知った時」基準を採用したうえで検収から○年以内に通知することも条件に加えれば不当に責任期間を長くすることを避けられるし、②契約不適合を発見することがその性質上合理的に期待できない場合のみ「知った時」基準を採用することもできる。例えば災害対策時のバックアップシステムの不具合などは、「知った時」基準でないと契約不適合責任の対象となりにくいのではなかろうか。

一方で、ＩＴ関係はその顧客ニーズも技術も変化が激しい。変化が速いビジネスのシステムは早期に完成させることが求められるが、その場合、契約不適合責任の期間は「引き渡し（検収合格）から1年」よりも短くするのが合理的である。民法の規定はあくまで任意規定であるから、構築するシステムの実情に合わせて契約書の規定を考えていく必要が高まっている。

「モデル契約書」の民法改正版が提言する考え方に従った契約書は、まだほとんど見ない。コロナ禍の影響で検討が不十分なのであろうか。しかし、その提言は正論なので、時間が経てばそれが浸透するであろう。ユーザー企業においては、法務部門、IT部門、事業部門の連携が大切になる。稼働期間、開発環境などの事情を総合的に判断するのは、法務部門だけでは無理であり、連携してこそ、適切な契約交渉が可能になる。

池田　聡（いけだ・さとし）
早稲田大学卒業後、みずほ銀行（旧日本興業銀行）においてIT部門ほか、支店長などを務め通算24年勤務。その後、弁護士に転身。法律事務所勤務後、現事務所を開設。

【週刊東洋経済】

本書は、東洋経済新報社『週刊東洋経済』2021年3月6日号より抜粋、加筆修正のうえ制作しています。この記事が完全収録された底本をはじめ、雑誌バックナンバーは小社ホームページからもお求めいただけます。

小社では、『週刊東洋経済eビジネス新書』シリーズをはじめ、このほかにも多数の電子書籍ラインナップをそろえております。ぜひストアにて「東洋経済」で検索してみてください。

『週刊東洋経済eビジネス新書』シリーズ

No.347 三菱今昔 150年目の名門財閥
No.348 民法&労働法 大改正
No.349 アクティビスト 牙むく株主
No.350 名門大学 シン・序列
No.351 電機の試練

No.366　地銀　大再編
No.367　おうちで稼ぐ！
No.368　老後マネーの育て方
No.369　製薬　大リストラ
No.370　リスクシナリオ　２０２１
No.371　富裕層マル秘マネー学
No.372　コロナ時代の新住宅事情
No.373　日立・三菱重工の岐路
No.374　脱炭素サバイバル
No.375　郵政崩壊
No.376　脱・ストレスの処方箋

週刊東洋経済eビジネス新書　No.377
働き方と経営の法律

【本誌（底本）】
編集局　　堀川美行、山本舞衣
デザイン　藤本麻衣、池田　梢、小林由依
進行管理　三隅多香子
発行日　　2021年3月6日

【電子版】
編集制作　塚田由紀夫、長谷川　隆
デザイン　市川和代
制作協力　丸井工文社
発行日　　2021年11月25日　Ver.1

発行所　〒103-8345
東京都中央区日本橋本石町1-2-1
東洋経済新報社
電話　東洋経済コールセンター
03(6386)1040
https://toyokeizai.net/
発行人　駒橋憲一

電子書籍化に際しては、仕様上の都合などにより適宜編集を加えています。登場人物に関する情報、価格、為替レートなどは、特に記載のない限り底本編集当時のものです。一部の漢字を簡易慣用字体やかなで表記している場合があります。本書は縦書きでレイアウトしています。ご覧になる機種により表示に差が生じることがあります。

※本刊行物は、電子書籍版に基づいてプリントオンデマンド版として作成されたものです。